JN152766

The Zen of Eating

お坊さんにまなぶ

こころが調う 食の作法

星覚

Seikaku

お坊さんにまなぶ　こころが調う食の作法

はじめに

雲水の星覚と申します。雲水とは行く雲、流れる水のように各地を訪ね、禅の修行を続ける僧のこと。現在はベルリンで生活し、ご縁のあるみなさんに禅を伝える活動をしています。

福井県にある禅の大本山永平寺は、１２４６年に道元禅師によって開かれた禅の修行道場です。私はあるきっかけから永平寺で修行を積む機会を頂きました。そこで学んだことの中で最も印象深かったことのひとつが「食の作法」です。永平寺に行くまでも食の大切さは理解していたつもりでした。しかし代々伝わる作法に込められた智慧や情熱は私の想像をはるかに超えていました。

この本は永平寺に伝わる食の作法を現代の生活に取り入れることで心を調え、健やかな人生を送るための本です。永平寺で７００年以上受け継がれ、実践されている食の作法を、世界中で実践する方法をまとめました。

食べ終わった時には片付けまですべて終っている非常に効率的な食事作法。茄子のヘタまで使い切る調理に対する姿勢。無駄のない動きで給仕を行う古参雲水の美しい所作は舞台芸術のようです。

作法と聞くと面倒で窮屈な印象を持っている人もいるかもしれません。私も実はそのようなイメージを持っていました。しかし自分が実際にやってみてその先入観は全く覆されました。「御飯は左、お味噌汁は右」といった誰もが知っているようなおなじみのものから「ほっぺを食べ物でふくらませない」「他人の器をのぞかない」「てんこ盛りにしない」など（取り組んでいる本人たちは真剣そのものでしたが）どこか愉快な楽しいルール。ただただ先輩や老師たちにならい、真似をしているうちに「普通の白い御飯」に今までに味わったことのない美味しさを感じるようになるから不思議です。

型に従って身体を調えているだけなのに、自然に作法が身についてきてなぜか心が洗われるように清々しくなるのです。それも自分だけでなく見ている人の気分も清々しくさせることに驚き、この作法が大好きになりました。

永平寺で行われているこれらの作法は「典座教訓」「赴粥飯法」という2冊の本の内容に基づいています。

「典座教訓」には台所の総責任者である典座の果たすべき役割とその心構え、食材や食器の管理方法などが詳しく書いてあります。

また「赴粥飯法」には給仕の方法、着席、食べる時の所作などいわゆる「テーブルマナー」が詳細に記されています。

一つひとつの作法は特別珍しいものではなく、もしかしたらおじいちゃんやおばあちゃんから聞いたことがある「あたりまえ」のことかもしれません。しかしだからこそドイツのバーやレストランでも、日本の喫茶店や居酒屋でも、世界中いつでもどこでも誰でもさりげなく使うことができます。「あたりまえ」を一つひとつ丁寧に行うことで驚くほどの変化が起きるのです。知っていてもなかなかできない食の作法、この機会にぜひ習慣にしてください。

もくじ

お坊さんにまなぶ　こころが調う食の作法

一、食べる作法

禅寺ではどのように食事をするか

二、調理の作法

食べるだけではない、食を支える調理の作法

二、食が変わるとすべてが変わる

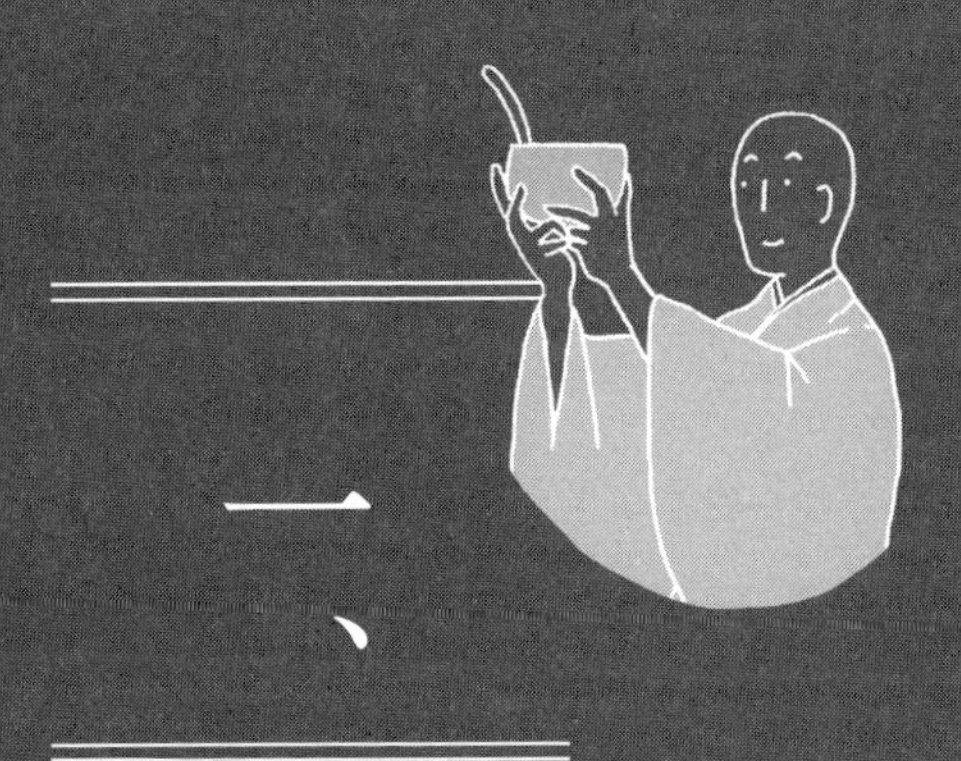

一、

食べる作法

禅寺ではどのように
食事をするか

永平寺の食事を始めから終わりまで見る

永平寺の雲水たちがどのように食事をしているのかを簡単に紹介します。

山内(さんない)には一般社会でいう食堂のような場所がありません。寝起きして坐禅するのと同じ畳の上で坐禅中と同じように「蓮華坐(れんげざ)」に脚を組んで食事を頂きます。

服装はお袈裟をかけた正装です。

朝食はお粥と沢庵にごま塩、昼食は御飯と汁物と沢庵に野菜の小皿が一品、薬石と呼ばれる夕食は御飯と汁物と沢庵に小皿が二品です。食事の内容は多彩ですが、その基本は毎日同じ一汁一菜です。

食器は各自が持っている応量器(おうりょうき)という鉢を使います。これは黒い漆塗りの器がマトリョーシカのように入れ子状に重ねられ、箸や布巾などと一緒に包まれたもので、食事の際は畳の縁の牀縁(じょうえん)と呼ばれる木の上に開いて並べます。

まずはイラストで雲水たちの食事の流れを追ってみましょう。聞き慣れない言葉がたくさん出てきて、イメージしづらいところもあるかもしれません。難しい専門用語は読み飛ばしても構いません。ここでは食事の概要を把握して頂ければ幸いです。

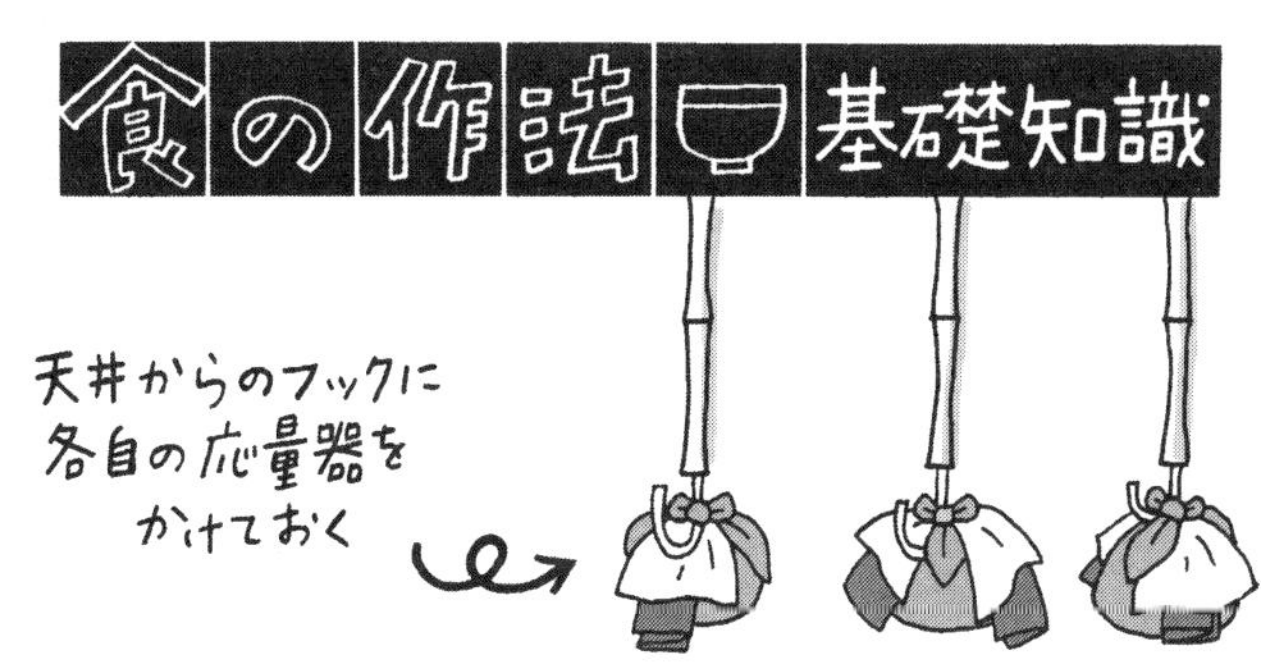
食の作法 基礎知識
天井からのフックに
各自の応量器を
かけておく

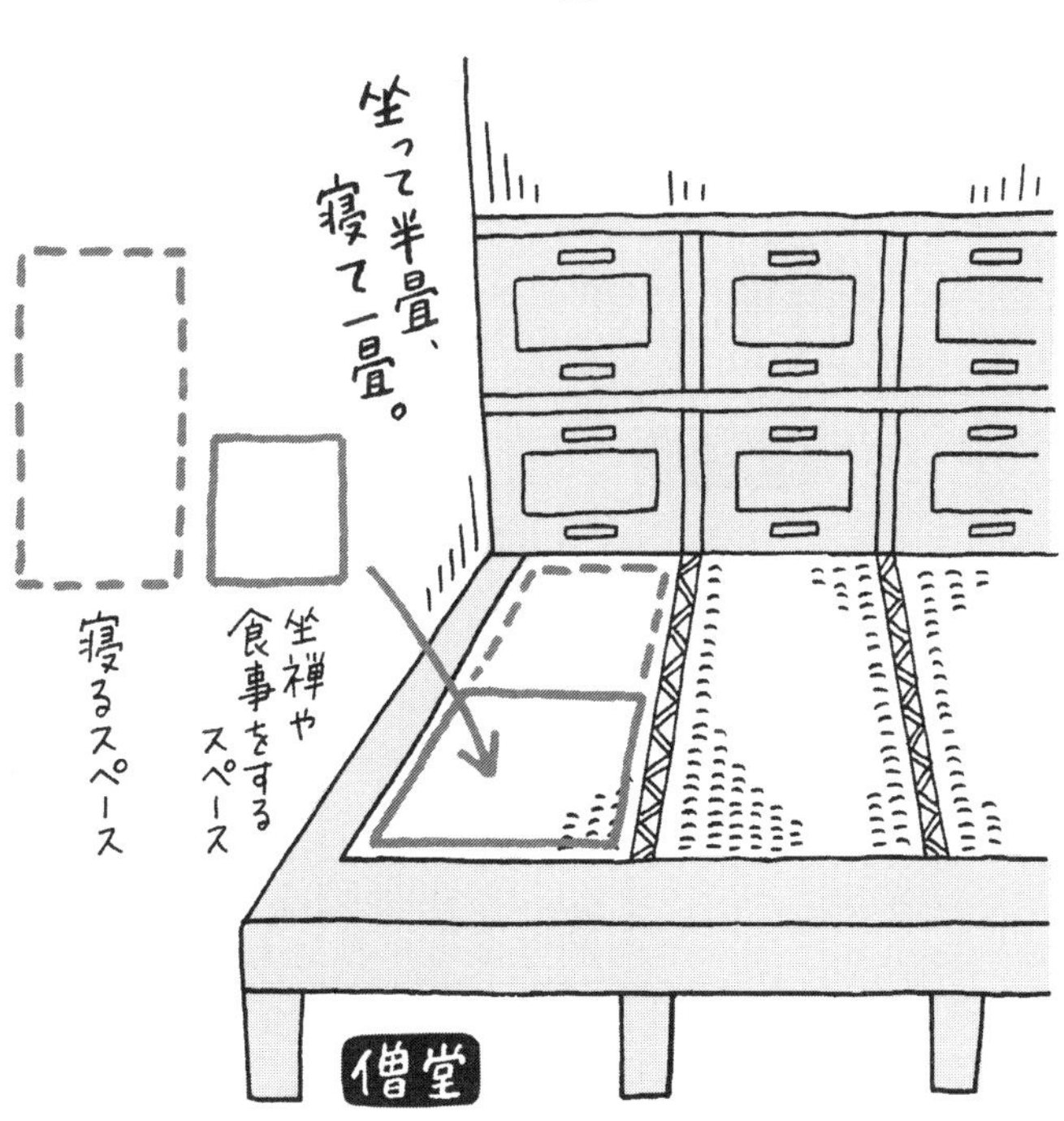
坐って半畳、
寝て一畳。
寝るスペース
坐禅や
食事をする
スペース
僧堂

応量器のセットは
各自で持っています
入れ子になる応量器
こんなにコンパクト!
箸袋
ふきん
刷(せつ)
箸
匙
袱紗(ふくさ)でひとまとめにする
ひざかけ
鉢単(はったん)
水板
応量器の持ち方
・親指
・人差し指
・中指
の3本で持つ。
両手を使う

12

鳴らしものを聞いて僧堂に集まる

応量器（おうりょうき）セットの内容は次の通りです。「応量器・匙（さじ）・箸（はし）・刷（せつ）・水板（みずいた）・箸袋（はしぶくろ）（匙筋袋（しじょたい））・白布巾（しろふきん）・鉢単（はったん）・ひざかけ・応量器袱紗（ふくさ）」。応量器を扱う際は可能な限り親指、人差し指、中指の三本の指を使って扱います。

雲水は時計を持っていません。山内のすべての行事は「鳴らしもの」と呼ばれる鐘などの音に従って進行します。鳴らしものには鐘の他に木版（もっぱん）、雲版（うんぱん）（雲の形をした青銅の板）、魚鼓（ぎょく）（吊るす木魚）、大雷（だいらい）（和太鼓）などさまざまな種類があります。

雲版の音が全山に響くと食事の合図です。その音を聞いて雲水たちは正装して僧堂に集まります。食事をする僧堂は雲堂（うんどう）、坐禅堂などとも呼ばれ、坐禅、読経の他、寝るところでもあり、雲水の修行生活の中心となる場所です。

僧堂に到着した雲水が坐る場所は、永平寺への入門が早い順で決まっています。自分の「単（たん）」（坐禅をする畳）の前に来たら、そこでまず合掌一礼、次に反対側にも合掌一礼します。これは坐禅の時にも共通する「隣位問訊(りんいもんじん)」「対座問訊(たいざもんじん)」という作法で、人がいてもいなくても必ず行います。

その後「単」の上に上がり、脱いだスリッパをまっすぐにそろえて壁に向かって坐禅をして待ちます。「起きて半畳、寝て一畳」の言葉通り、「単」は雲水生活の基本単位です。

応量器は単の端に吊るしてあります。その下にある棚には布団や生活用品が入っています（ただし永平寺のように100名を超える雲水が生活する大きな僧堂では当番などで毎回同じ単に坐るとは限らないため、各自が別の場所に置いてある自分の棚から応量器を僧堂まで運びます）。

魚鼓(ぎょく)と大雷(だいらい)の音が聞こえたら給仕の準備ができた合図です。鉢を下ろして全員が互いに向き合って坐りなおします。

鉢を広げて浄人の給仕を受ける

浄人と呼ばれる給仕役の雲水が、まず浄巾（濡らしてしぼった清潔な布巾）で牀縁を拭きます。その後雲水たちは牀縁の上に応量器を置きます。

戒尺（火の用心の拍子木のような鳴らしもの）の音で「展鉢の偈」（34ページ参照）を唱え、決められた手順に従って応量器を定められた配置に並べます。並べ終わる頃を見計らって浄人が外単（僧堂の横にあるスペース。浄人は給仕用の桶などをここに準備し、待機する）から内堂（僧堂の中）に入り、お粥を配り始めます。この間内堂の雲水たちは「十仏名」（35ページ参照）を唱えます。

給仕を受けていない時は常に坐禅をして待ちます。目の前に浄人が来たら合掌一礼して両手で鉢をとり、浄人に差し出し給仕をしてもらいます。

汁物は鉢を浄人に手渡します。浄人は鉢を受け取り、おたまで汁物を給仕します。

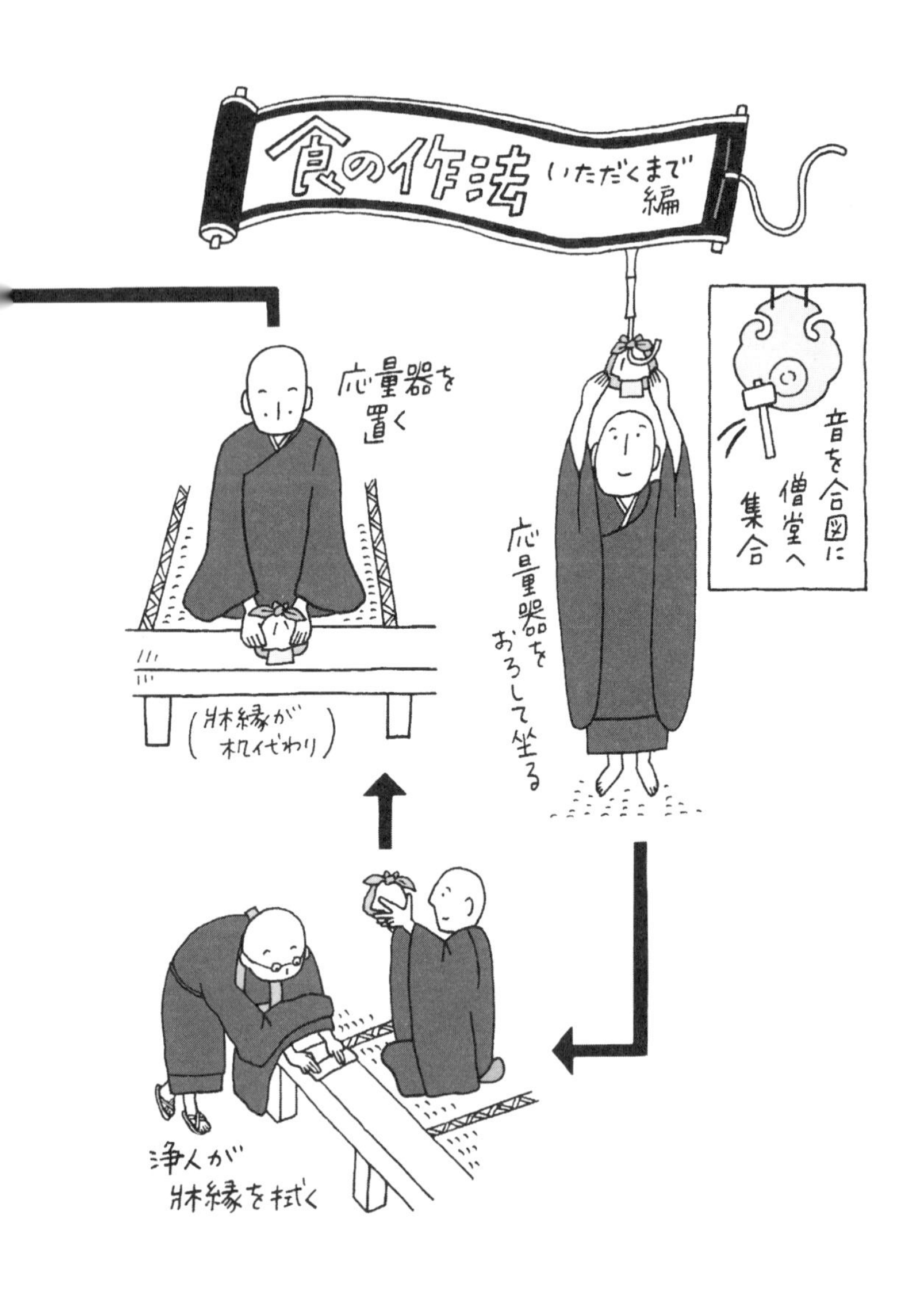
食の作法 いただくまで編
音を合図に僧堂へ集合
応量器をおろして坐る
浄人が牀縁を拭く
応量器を置く
(牀縁が机代わり)

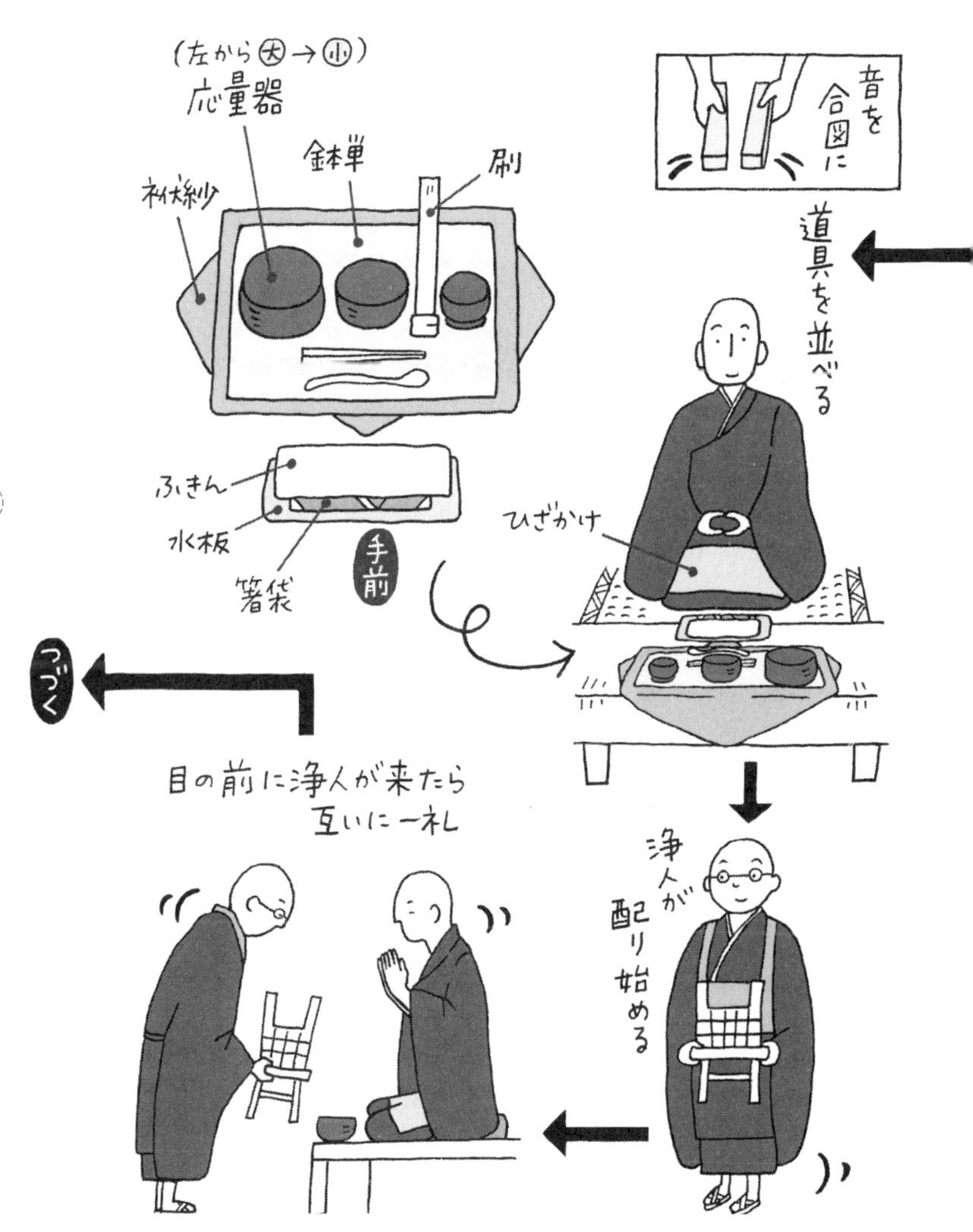
音を合図に
道具を並べる
(左から㊅→㊇)
応量器
鉢単
刷
袱紗
ふきん
水板
箸袋
手前
ひざかけ
浄人が配り始める
目の前に浄人が来たら
互いに一礼
つづく

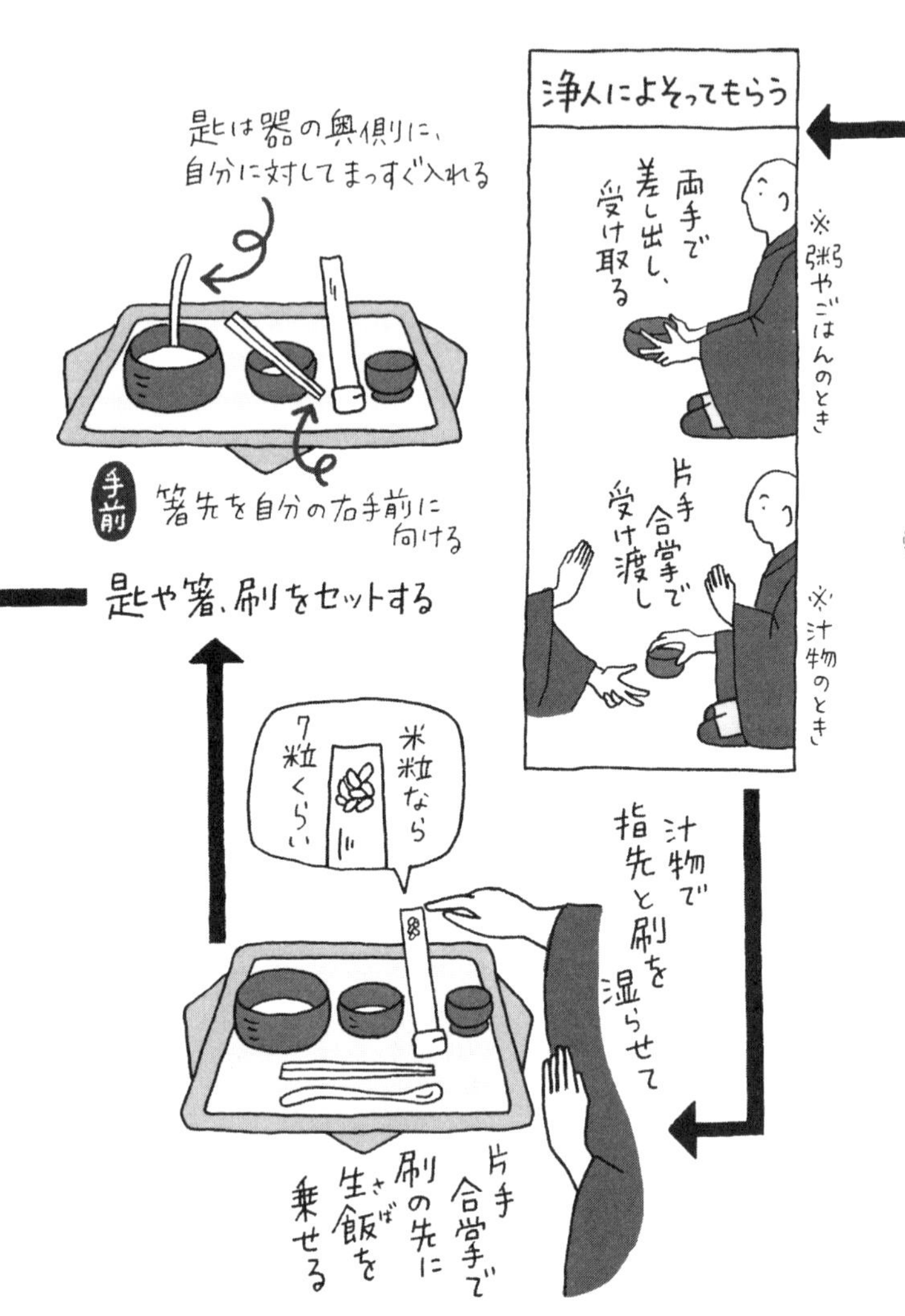

浄人によそってもらう
両手で差し出し、受け取る
※粥やごはんのとき
片手合掌で受け渡し
※汁物のとき
汁物で指先と刷を湿らせて
米粒なら7粒くらい
片手合掌で刷の先に生飯を乗せる
匙や箸、刷をセットする
匙は器の奥側りに、自分に対してまっすぐ入れる
手前
箸先を自分の右手前に向ける

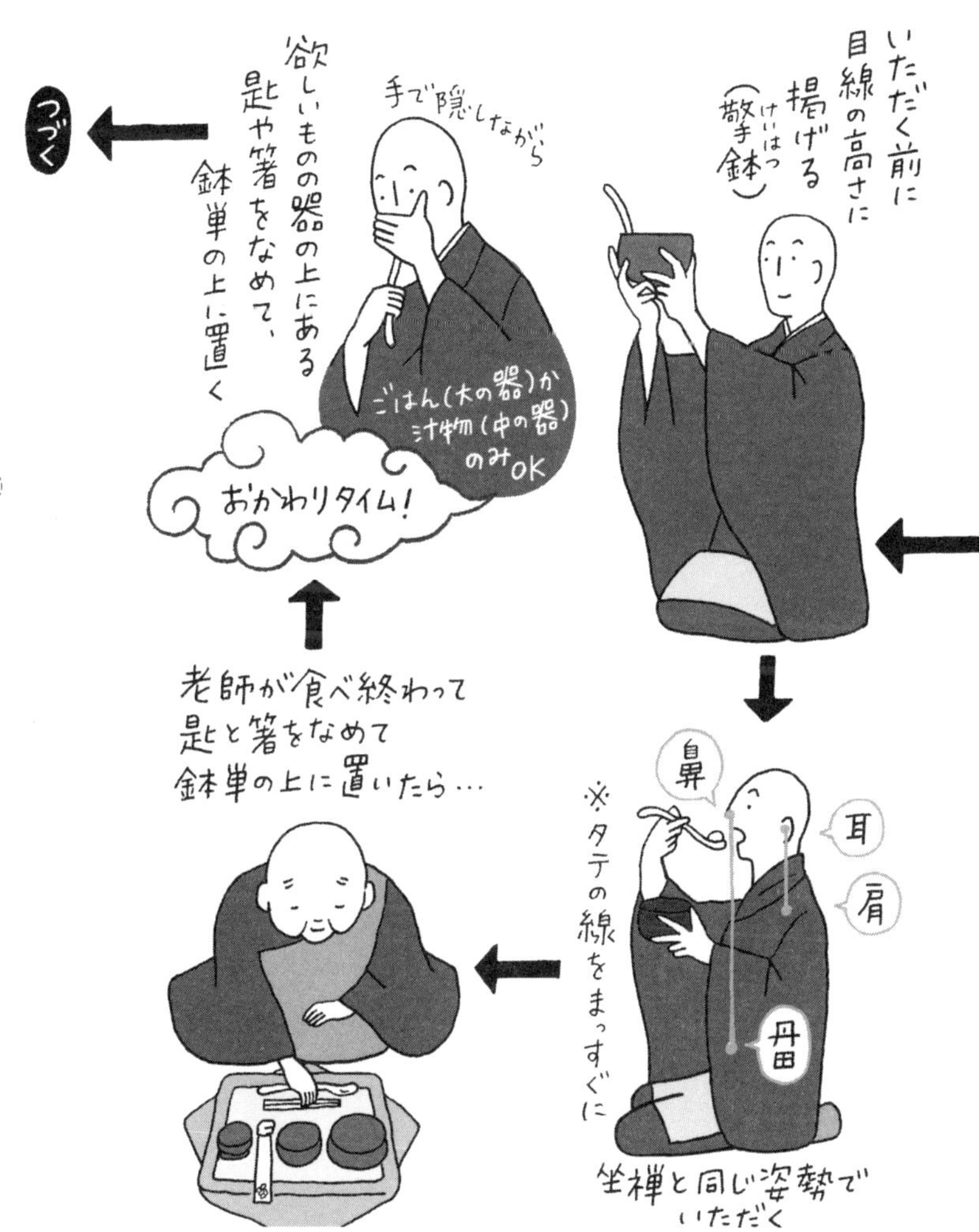

いただく前に目線の高さに掲げる
（擎鉢（けいはつ））
鼻
耳
肩
丹田
※タテの線をまっすぐに
坐禅と同じ姿勢でいただく
老師が食べ終わって
匙と箸をなめて
鉢単の上に置いたら…
おかわりタイム！
欲しいものの器の上にある匙や箸をなめて、鉢単の上に置く
手で隠しながら
ごはん（大の器）か
汁物（中の器）
のみOK
つづく

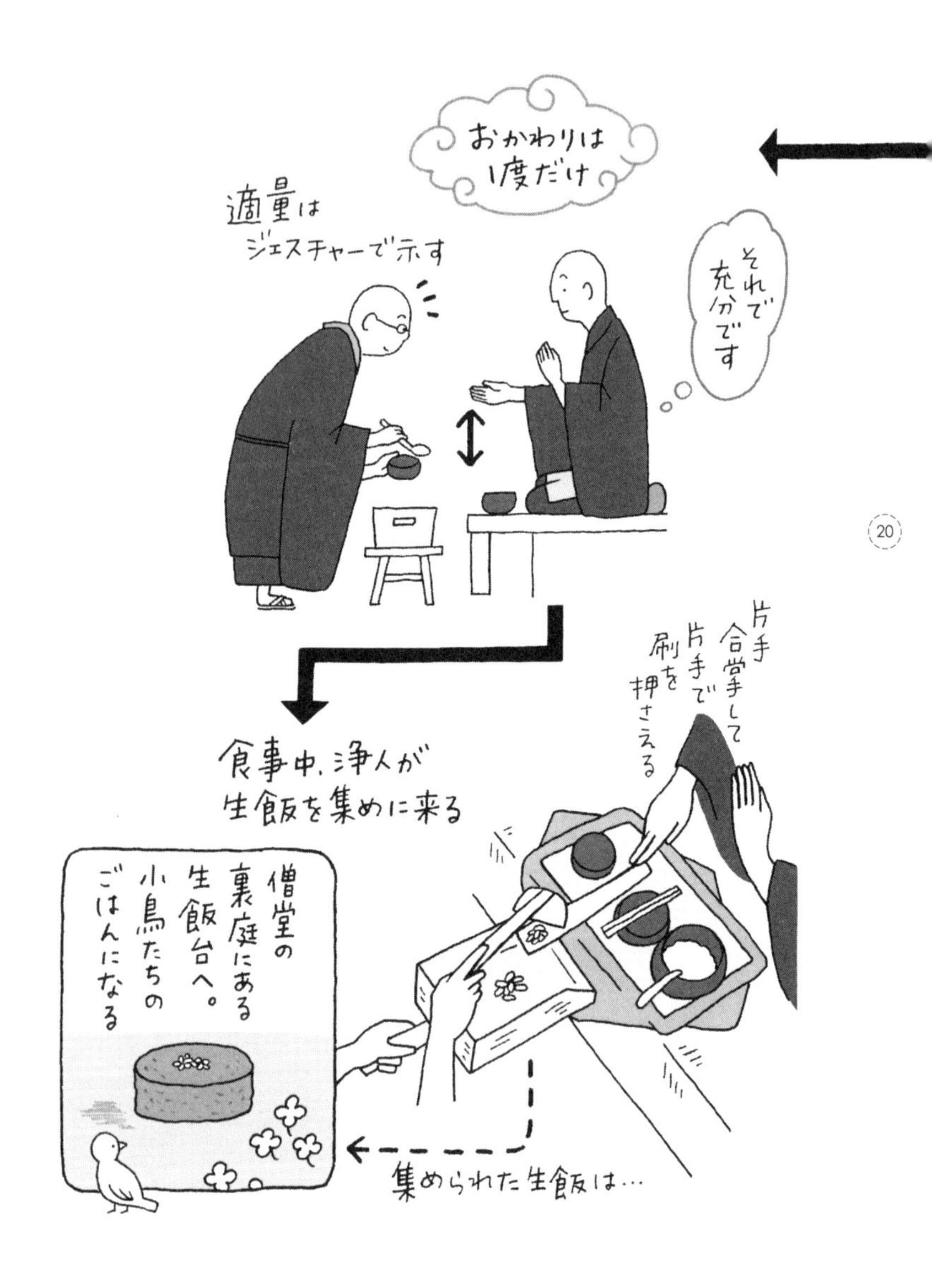
おかわりは
1度だけ
適量は
ジェスチャーで示す
それで
充分です
食事中、浄人が
生飯を集めに来る
片手
合掌して
片手で
刷を
押さえる
僧堂の
裏庭にある
生飯台へ。
小鳥たちの
ごはんになる
集められた生飯は…

浄人が十分な量を給仕した時点で、手の平を上に向け、鉢の横で上下に動かして「適量です」という意思を伝えます。一度給仕された食事は残せません。食べられる量だけ頂き、食べ切れないものは最初から頂かないようにします。給仕してもらった後は再び坐禅をして待ちます。

全員に給仕が行き渡る頃に鳴る戒尺の音を聞き「五観の偈」（36ページ参照）から「三匙の偈」（38ページ参照）まで続けて唱えます。

その間に匙を頭鉢と呼ばれる一番大きな鉢の中に入れ、箸は先を自分の右手前に向け真ん中の鉢の上に置きます。

刷（木製のへらに布をつけたもの）の端には御飯を数粒のせておきます。これは生飯といい、後に浄人が回収に来ます。回収された生飯は集められ、庭にある生飯台という石の上に置かれます。それらはすぐに事情通の小鳥たちのお腹に収まります。

黙って作法通りに食べる

「三匙（さんし）の偈」を唱え終わる頃、御飯が入っている頭鉢を両手で持ち目線の高さに掲げます。これを「擎鉢（けいはつ）」といいます。擎鉢は応量器を持ち運ぶ時や、鉢を開く前、しまった後にも行います。

その後、上座の老師や古参（こさん）とよばれる先輩雲水たちが食べ始めるのを確認してから御飯（朝はお粥（かゆ））を三口頂きます。

食事中は常に坐禅の姿勢をできる限り保ちます。動作を必要最小限に抑え、耳と肩、鼻と丹田をまっすぐにそろえます。

御飯と汁物は再進（さいしん）（おかわり）が可能です。再進を希望する雲水は老師の動きを合図に、匙と箸をなめて鉢単（はったん）の上に置きます。再進はまわりのペースに合わせて量を調節し、食べ終わるのが早過ぎたり遅過ぎたりしないようにする機会でもあります。

鉢を洗って元通りにしまう

全員が食べ終わったら「洗鉢(せんぱつ)」の作法が行われます。浄人にお茶を注いでもらい、刷(せっ)で鉢を洗います。お茶は大きな鉢から小さな鉢に順に移して飲み干します。

その後今度はお湯を注いでもらい、同様に大きな鉢をすすぎます。すすいだら一度刷を置き、左手で鉢を持ち、右手で白布巾の端をつまみ上げ、鉢の手前から奥にかぶせて、外側、内側の順に水気を拭き上げます。お湯を順に小さな鉢のほうへ移し、拭き終わったら音がしないように左側に重ねます。

匙、箸、刷は順番通りに拭き上げて箸袋に入れます。

刷を拭き上げたら浄人が桶を持ってやってきます。すすぎに使い残ったお湯を「折水(せっすい)の偈」（39ページ参照）を唱えながら桶に集めます。桶の水は庭の草木に与えたり、静かに小川に返します。

食の作法 後始末編

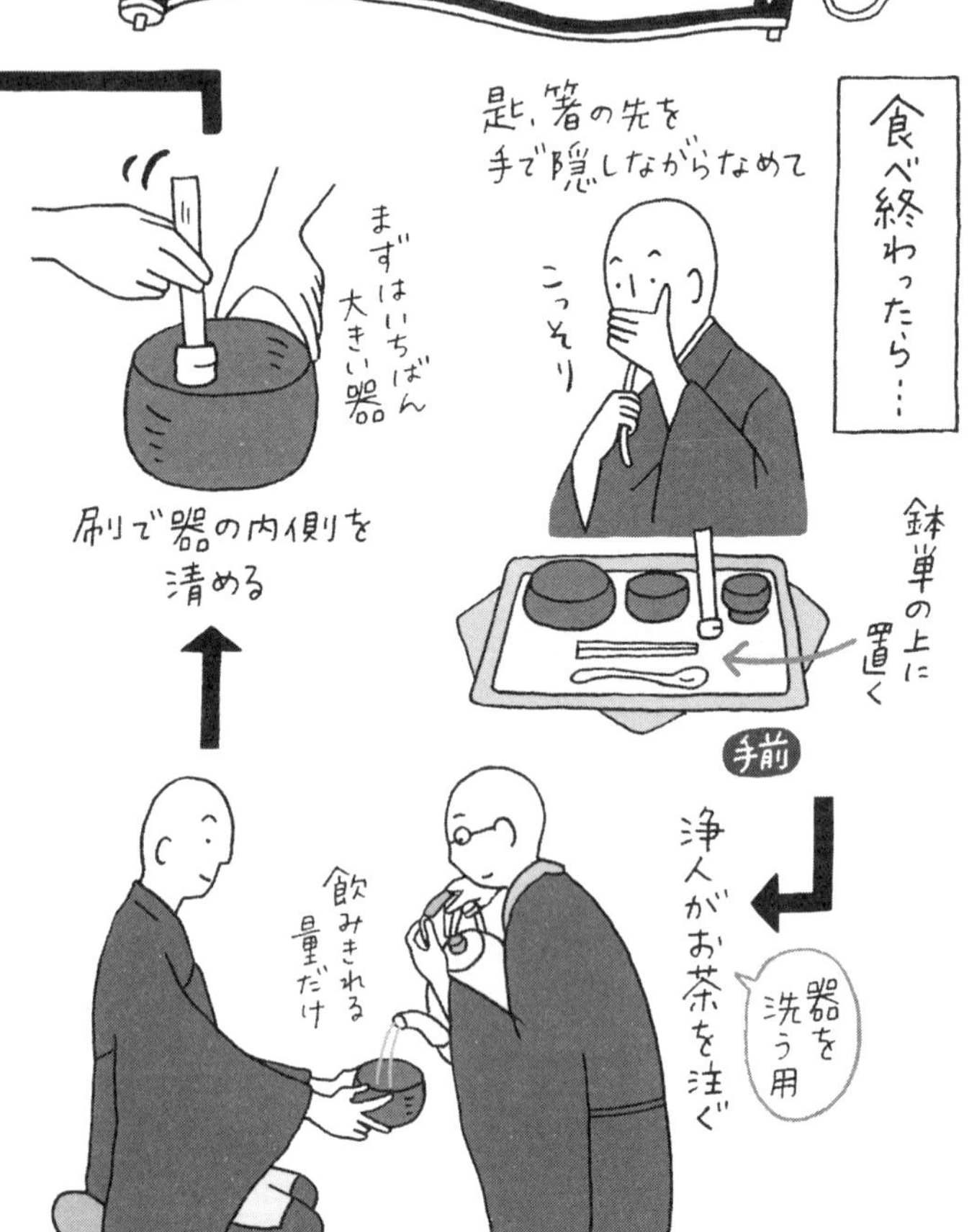
食べ終わったら…
匙、箸の先を
手で隠しながらなめて
こっそり
鉢単の上に置く
手前
浄人がお茶を注ぐ
器を洗う用
飲みきれる量だけ
まずはいちばん大きい器
刷で器の内側を
清める

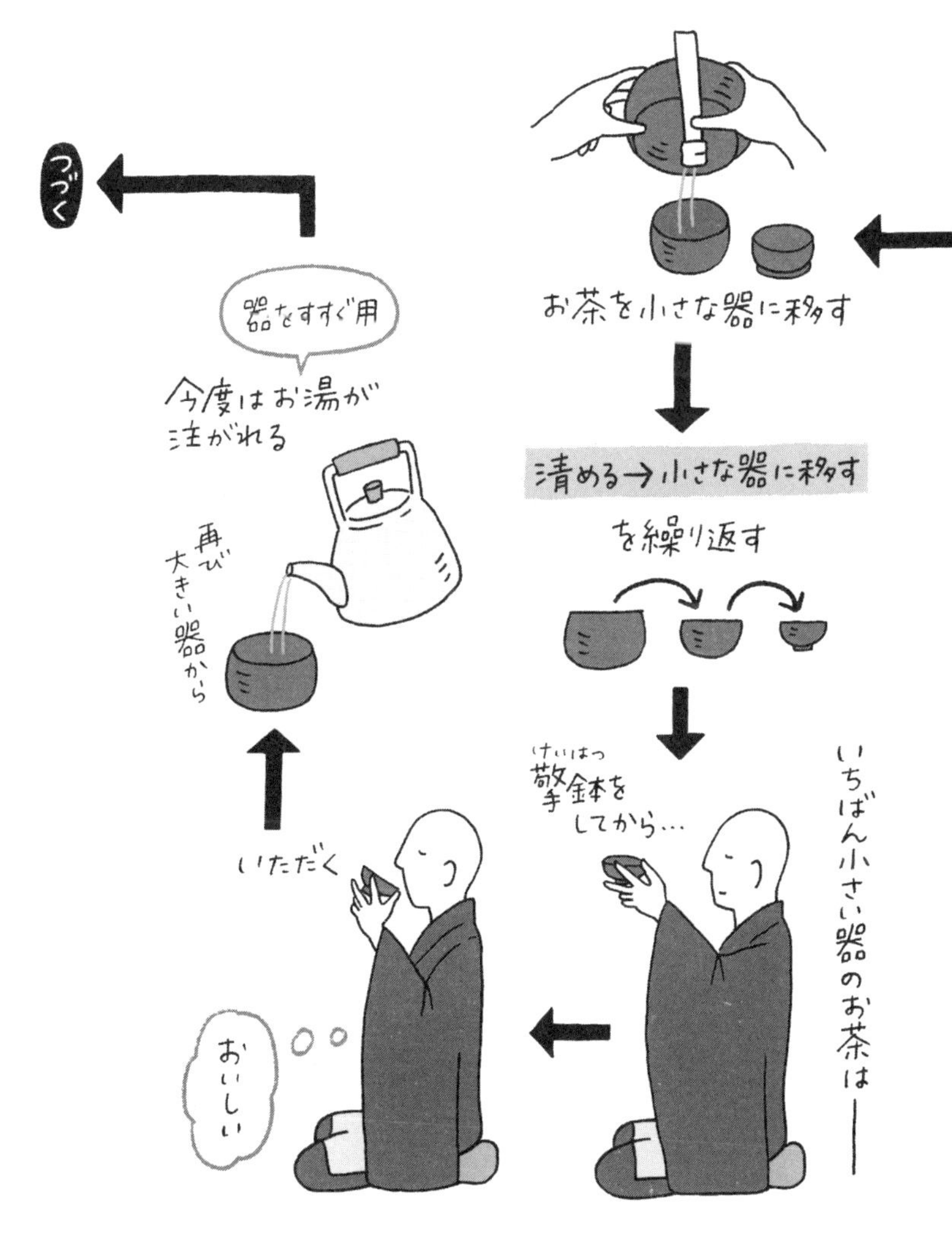
お茶を小さな器に移す
清める→小さな器に移す
を繰り返す
いちばん小さい器のお茶は——
けいはつ
磬鉢をしてから…
いただく
おいしい
再び大きい器から
今度はお湯が注がれる
器をすすぐ用
つづく

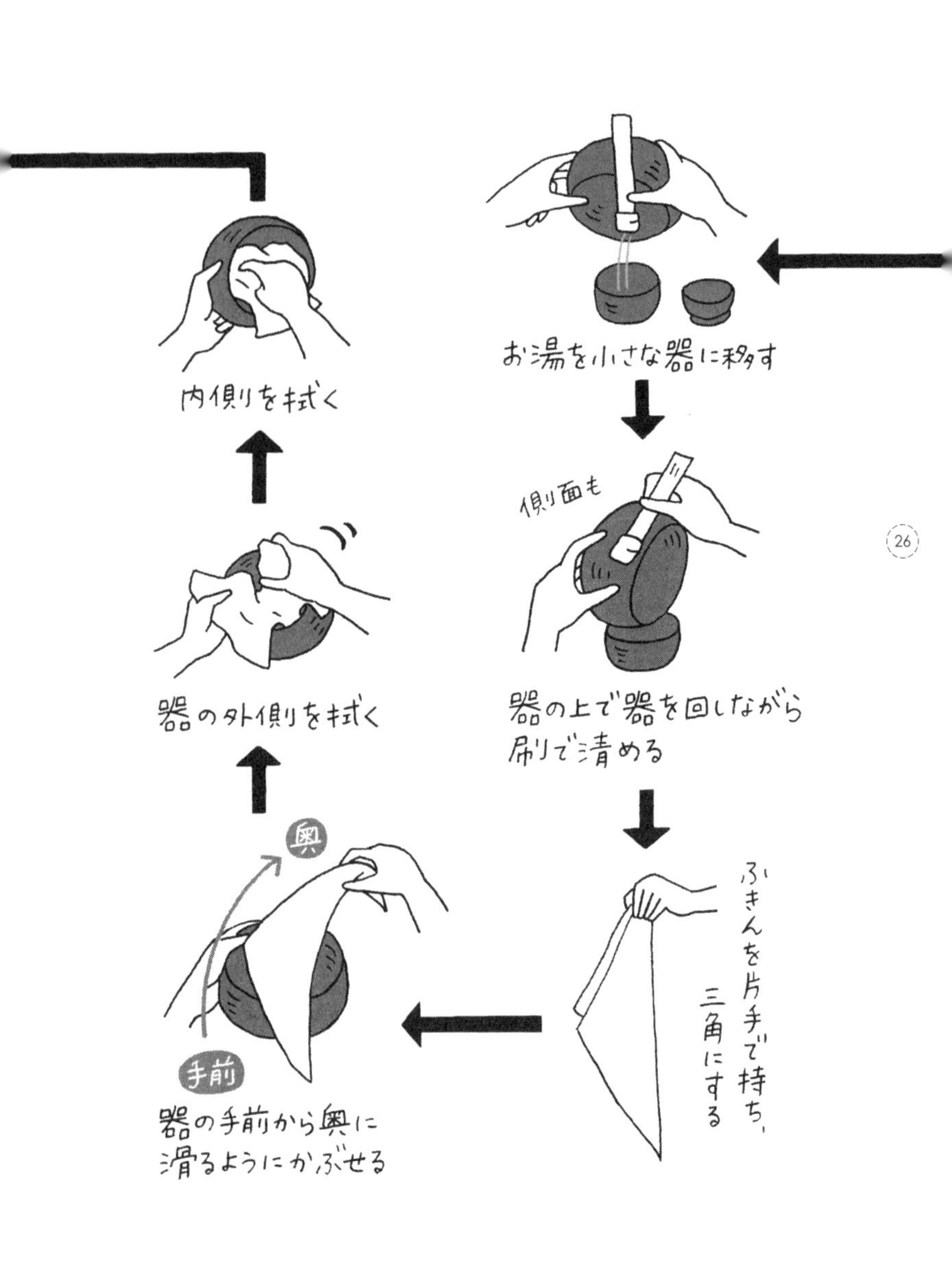
お湯を小さな器に移す
側面も
器の上で器を回しながら
刷りで清める
ふきんを片手で持ち、
三角にする
奥
手前
器の手前から奥に
滑るようにかぶせる
器の外側を拭く
内側を拭く

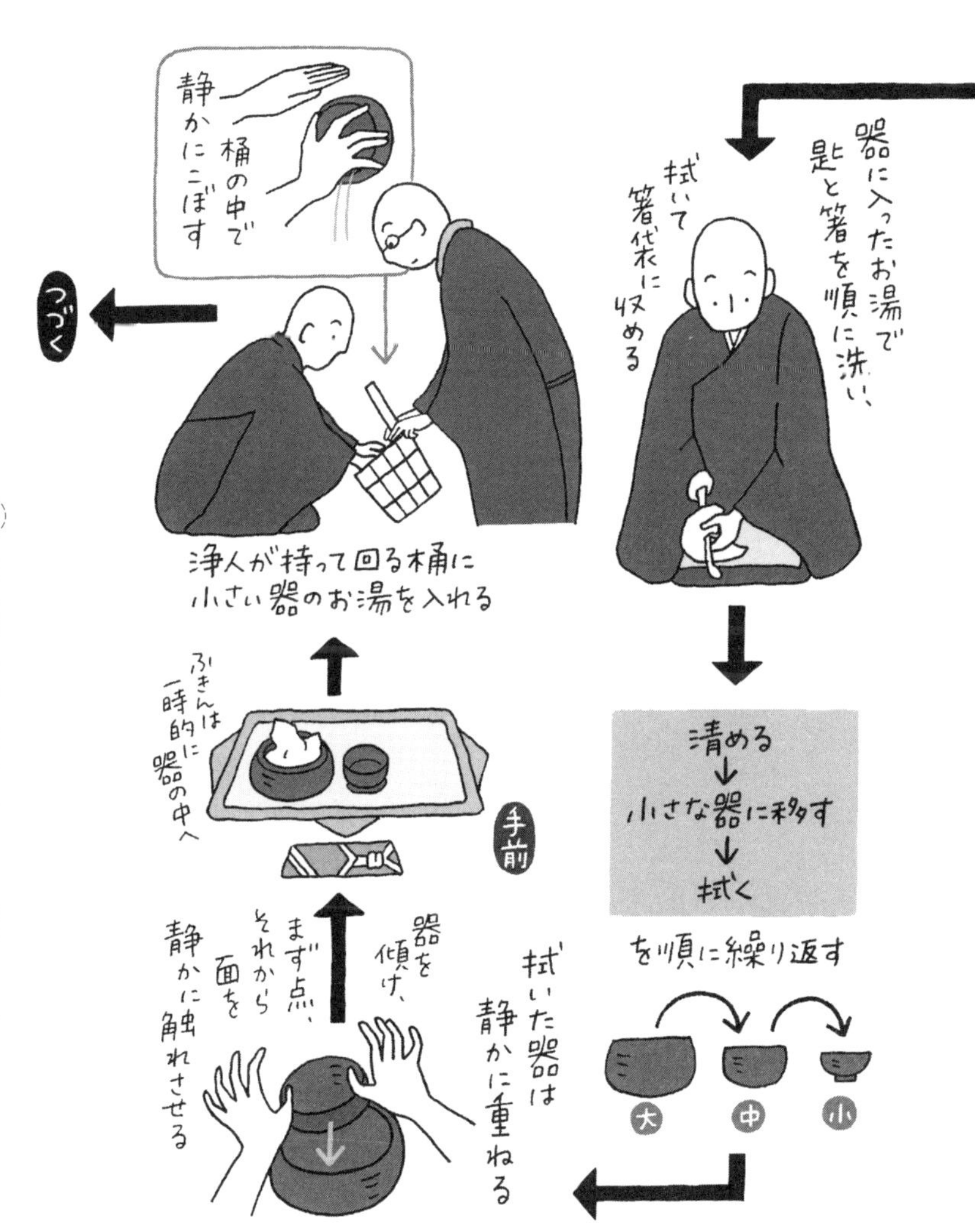
器に入ったお湯で匙と箸を順に洗い、
拭いて箸袋に収める
清める
↓
小さな器に移す
↓
拭く
を順に繰り返す
大
中
小
拭いた器は静かに重ねる
器を傾け、まず点、それから面を静かに触れさせる
手前
ふきんは一時的に器の中へ
浄人が持って回る桶に小さい器のお湯を入れる
静かに桶の中でこぼす
つづく

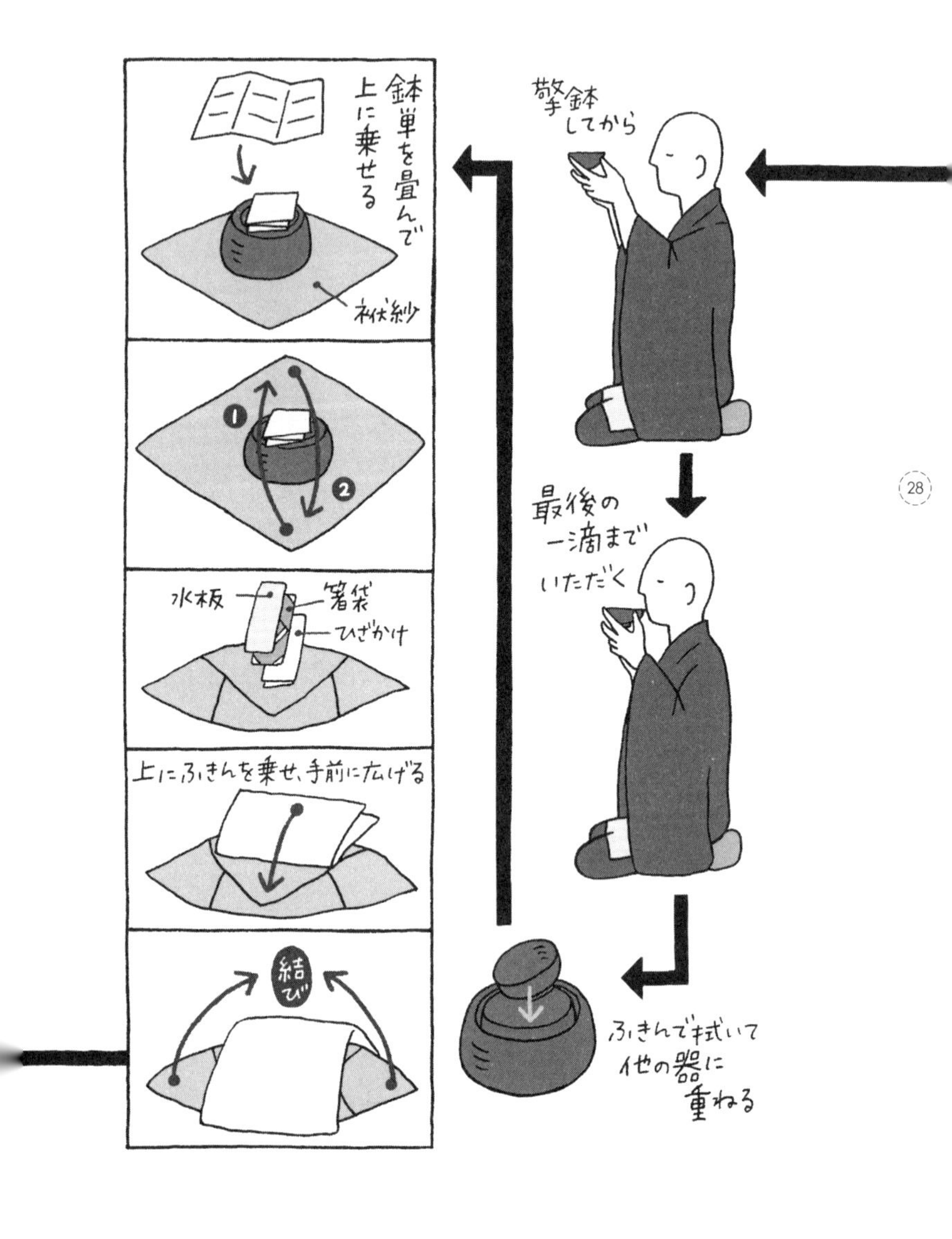

撃鉢してから
最後の一滴までいただく
ふきんで拭いて他の器に重ねる
鉢単を畳んで上に乗せる
袱紗
水板
箸袋
ひざかけ
上にふきんを乗せ、手前に広げる
結び

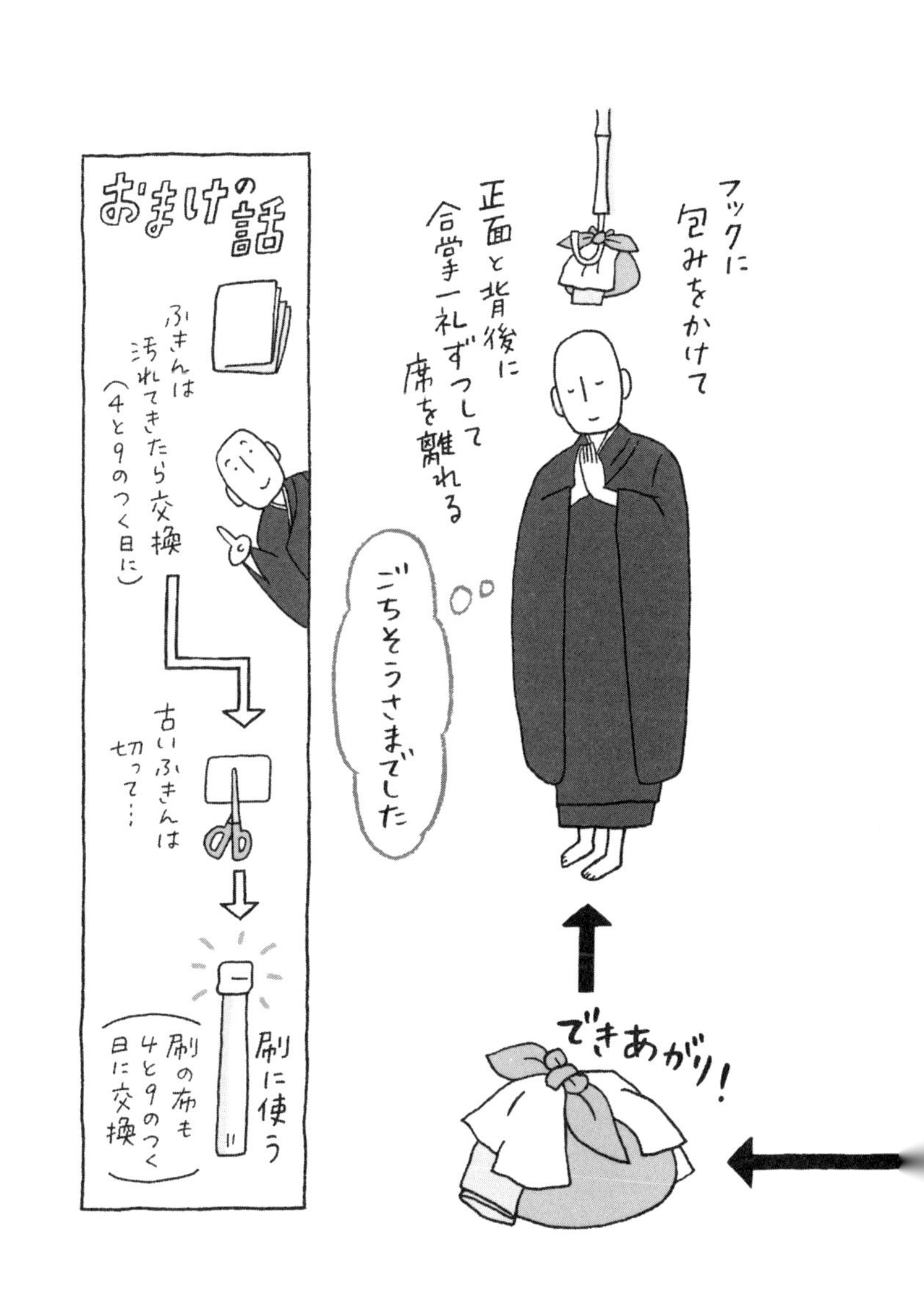
フックに
包みをかけて
正面と背後に
合掌一礼ずつして
席を離れる
ごちそうさまでした
できあがり!
おまけの話
ふきんは
汚れてきたら交換
(4と9のつく日に)
古いふきんは
切って…
刷に使う
(刷の布も
4と9のつく
日に交換)

桶に鉢を洗ったお湯を入れる際は、万が一にも水滴が飛ばないように片手をそえます。親指と中指の間から鉢を自分のほうに傾けて、親指と中指の間から桶の側面にお湯を落とします。浄人に一礼した後、少しだけ鉢の中に残しておいたお湯を両手で目線の高さに掲げて最後の一滴までおいしく頂きます。頂いたらその鉢を白布巾で拭き、重ねて元通りにしまいます。

最後にしわを伸ばした白布巾を静かに応量器にかぶせて袱紗（ふくさ）で結びます。再び浄巾を持った浄人が来るので合掌一礼し、結んだ応量器を擎鉢します。その間に浄人は浄巾で牀縁を拭きます。

拭き終わると戒尺が鳴ります。再び合掌一礼し、応量器を擎鉢して元通りにフックにかけておきます。

洗い物まで組み込まれた合理的な作法

以上が永平寺の食事の基本的な流れです。これらの作法は朝、昼、夜、それぞれ器の扱い方が異なるため、すべて覚えるだけでも大変苦労します。修行生活の最初の半年はこの作法に慣れる期間といっても過言ではありません。

しかし慣れてしまえばこれほどラクで理にかなった作法はありません。大変手間がかかるように見えますが、一つひとつの動作を集中して行うため所要時間は40~60分ほどと実は非常に効率的に食事を頂くことができます。

その効率のよさは一人、二人ではなく大人数になるとはっきりとわかります。食べる人の数が増えると浄人の数も増えるので10人でも100人でもほぼ同じ時間で食べられるだけでなく、食べ終わった時点で洗い物まで完了し、次の食事をそのまま始めることができるようになっています。

合理的なのは人間に対してだけではありません。

応量器は毎回お茶とお湯できれいに洗って拭き上げるため、洗剤を使わずに何年でも清潔に使い続けることができます。

白布巾は洗って繰り返し使い、数ヶ月に一度新しいものに交換します。古くなった白布巾は刷の先の布と交換で縫い付け、再利用します。

禅寺では米のとぎ汁も料理や掃除、草木の水やりなどに活用します。「生飯(さば)」で米粒を小動物に施し、「洗鉢(せんぱつ)」の滋養に富んだ水を川や草木に還す行為は、短期的には非合理的に見えるかもしれませんが、結局は環境全体の調和が保たれ、人間の生活も継承されていきます。このことは700年以上続く永平寺の歴史が証明しています。

福井県にある天龍寺の笹川浩仙(ささがわこうせん)老師はこう言います。

「人間が食べ物にむかっていくのではなく、食べ物のほうから人間にやってくるのが仏道の食事」と。これは永平寺の食の作法を50年以上実践し続けている老師だからこそ出てくる言葉かもしれません。

「そんなことは普通できないよ。第一、手で口に食べ物を運ばなければ食べられないじゃないか」と思うかもしれません。実は私も最初はそう思いました。しかし美味しいものを求めて右往左往していた以前の私の食べ方に比べると、作法通りに頂いている老師の姿は、まるで大地に根をおろし、大気に葉を開き、光と水を黙ってうけとめる大木のようです。

「いただきます」を言う美味しさ

作法は習慣にするのが一番です。

たとえばまっすぐ合掌をして「いただきます」と一礼する作法。誰もが知っているシンプルな作法ですが、その意味を教わる機会はあまりありません。しかしそこが作法のいいところだと私は思います。**ハッキリした理由がないのに、習慣になっている行動には興味が継続するからです。**

私は永平寺で「いただきます」の代わりに唱えられる偈文の意味を知った時に「なるほど！」と目からウロコが落ちた気がしました。もしここで「いただきます」が習慣になっていなければ、ウロコは一枚で終わっていたでしょう。しかし作法を毎日続けていたことで、そこに込められた「言葉では表現できない何か」への好奇心を保ち続けることができ、それからもウロコが落ち続けることになったのです。

ここでは永平寺で毎回食事の際に唱えられる言葉の意味を簡単に紹介します。何度読んでも深い気づきを与えてくれます。声に出して読んでいると手を合わせるたびにこれらのイメージが浮かんでくるようになります。

◎展鉢（てんぱつ）の偈（げ）

鉢を開く前、一番最初に唱える偈文です。今から行う食の作法がどのように伝わってきたのか、お釈迦さまにまでさかのぼり応量器の由来に想いを巡らせます。

佛生伽毘羅（ぶっしょうかびら）　お釈迦さまは釈迦族の王子として伽毘羅というお城で生まれました。

成道摩掲陀（じょうどうまかだ）　無常を感じて出家。苦行の末、摩掲陀国の菩提樹の下で悟りを開きました。

説法婆羅奈（せっぽうはらな）　その後、婆羅奈国で説法を始め、その教えを説きました。

入滅拘稀羅（にゅうめつくちら）　拘稀羅というところでお亡くなりになりました。

如来応量器（にょらいおうりょうき）　お釈迦さまからこのように伝わっている応量器。

我今得敷展（がこんとくふてん）　私が今こうして広げています。

願共一切衆（がんぐいっさいしゅ）　願わくは施す者、施される者、施されるモノ、すべてと共に

等三輪空寂（とうさんりんくうじゃく）　無我の境地にいたることができますように。

人間は食器を使って食事をする唯一の動物です。

ここではお釈迦さまが挙げられていますが、宗教、文化、言語などにかかわらず、多くの先人たちのおかげで作法通りに食を頂くことができることは世界中の人に共通しています。そのこと自体の有り難さを思うと食器に触れる手もやさしくなります。

◎十仏名（じゅうぶつみょう）

過去・現在・未来、あまねく世界の仏たちへの感謝を込めて唱えます。

清浄法身毘盧舎那佛（しんじんばしんびるしゃーのーふー）　円満報身盧遮那佛（えんもんほうしんるしゃーのーふー）　千百億化身釈迦牟尼佛（せんばいかしんしきゃーむーにーふー）
当来下生弥勒尊佛（とうらいあさんみるーそんぶー）　十方三世一切諸佛（じーほうさんしーいしーしーふー）　大乗妙法蓮華経（だいじんみょうはりんがーきー）
大聖文殊師利菩薩（だいしんぶんじゅすりーぶーさー）　大乗普賢菩薩（だいじんふえんぶーさー）　大悲観世音菩薩（だいひかんしいんぶーさー）
諸尊菩薩摩訶薩（しーそんぶーさーもーこーさー）　摩訶般若波羅密（もーこーほーじゃーほーろーみー）

朝には太陽が昇り、夜には月が輝く。食に直接関わっているようには見えなくても、世界中普遍にはたらき、この世界を支える目に見えない不思議な力はたしかにあります。

◎五観の偈

五つの項目について想いを巡らせます。

一つには功の多少を量り彼の来処を計る

（目の前の食がいかに多くの手間を経て運ばれてきたか、その背景を想う）

二つには己が徳行の全欠と計って供に応ず

（これまでの行いをよく反省し、目の前の食を頂くに足るかどうかを想う）

三つには心を防ぎ過を離るることは貪等を宗とす

（貪り、怒り、道理をわきまえぬ心を抑え、迷いを離れて食を頂くことを心得る）

四つには正に良薬を事とするは形枯を療ぜんが為なり

（食を単なる欲の対象ではなく、健康な身体を維持する薬と思って適量を頂く）

五つには成道の為の故に今此の食を受く

（人間としてのまことの道を成し遂げるために、今目の前にある食を頂く）

◎出生の偈

生飯を施す対象を想います。実際に米粒を食べる小鳥たちだけでなく、生きとし生けるすべての存在と食をわかち、感謝と慈悲を示します。

汝等鬼神衆　我今施汝供　此食偏十方　一切鬼神共

最初は意味がわからぬままでした。しばらくたってから、回収された米粒の行く先を知って驚きました。その米粒は坐禅堂の外にある生飯台という石の台の上に乗せられ、それを知る小鳥たちが食べに来ていたのです。それを見て私は「救われた」と思いました。

私自身が、です。入門したてのその頃は空腹を満たすことで精一杯、他人を気にかける余裕もなく、人の日を盗みこっそりつまみ食いをしたり、おかずの多少をめぐって仲間とけんかをしてしまう弱い自分がいました。そんな時にさえ小鳥たちに施しをしていたという事実がわかった時の安らぎは、自己嫌悪に陥っていた私を救ってくれました。たとえ全く意識していなくても作法を実践することで、心が洗われるような気持ちになることを知りました。

◎擎鉢の偈

「仏・法・僧」の三宝、「両親・社会・国土・天地自然」の四恩、「天上・人間・畜生・修羅・餓鬼・地獄」の六道、一切のものに対して供養します。

上分三宝　中分四恩　下及六道　皆同供養

◎三匙の偈

一切の悪を断つことを誓い、一切の善を行わんと思い、すべての命が道を成し遂げることができますように、念じます。

一口為断一切悪　二口為修一切善　三口為度諸衆生　皆供成佛道

三つの念をこめて最初の三口を頂きます。娑婆（お寺の外の一般社会のこと）でも最初の三口は、まず御飯やパンなどの主食を頂いてみましょう。パンの場合はバターやジャムを塗る前に、御飯の場合は梅干しや味噌汁を味わう前に、淡い三口を楽しんでみてください。きっと毎回の食事が不思議と美味しく感じられるようになります。

◎折水の偈

今頂く洗鉢の一滴は、天国のような甘露の味だ。今、神様たちに施与して、ことごとく知足をもたらしますように。無駄なく供養されますように。

我此洗鉢水　如天甘露味　施與鬼神衆　悉令得飽満　唵摩休羅細娑婆訶

永平寺に上山する前日になんと私は門前で焼き肉をご馳走してもらいました。

「もうこんな美味しいものはしばらく食べられないんですね」

と私。すると師匠、

「何を言う！　永平寺の食事は世界一うまいんだぞ」

こう言うではありませんか。

その時は慰めだと思っていました。精進料理は質素で味気ないものを黙々と食べる修行だと思っていたからです。しかし師匠の言葉に間違いはありませんでした。何でもないお粥が本当に「世界一うまい」と感じられたのです。それまで風邪の時に食べるものくらいにしか思っていなかったお粥でさえ、姿勢を正して、祈りを込め、厳しい寒さと空腹をこらえて作法通りに頂くと、どんな豪華な料理より美味しく感じられます。**美味しさは私から離れて独立した存在が提供してくれるものではなく、私と食べもの、双方が歩み寄る瞬間の中にこそあったのだと感じました。**

道元禅師は「粥」でなく「お粥」、「斎」でなく「お斎」というようにものに対しても丁寧な言葉で表現するように説いています。**言葉使いを大切にすると、食そのもの、またそれに関わる行為を敬う主体である自分自身が変化してきます。**

食事をすることを、自分が「食べる」のではなく「頂く」と表現するのはとても美しい作法です。そこに働いている意志の及ばない力を感じれば感じるほど、何を食べても本当に幸せな気持ちになるのです。日々学び続けたい文化です。

いただきます
ごちそうさま

みんなで頂くよろこび

「みんなで頂く」ことに食の基本があります。

食事はできるだけ誰かと一緒にするようにします。御飯を中心にした一汁一菜の献立はわけ合って食べることができるため、みんなで頂くのにピッタリです。**ついおろそかにしてしまいがちな作法も仲間と一緒にやることで守ることができる。この不思議な力を「大衆の威神力」と呼びます。**永平寺には多くの雲水が一度に食事をするための工夫がたくさんあります。

食事の準備ができたことは雲版の大きな音で全山に知らされます。食事の前にはお香が焚かれ、大雷、鐘、雲版、木版などたくさんの鳴らしものが鳴らされて、さながらお祭りのようです。

従ってこっそり食べることはありえません。欲に従って各自が勝手に食べるのではなく全員が自分以外の何かに従って食べるのです。娑婆では忙しい時などには他の人に内緒で抜け出して、こっそり詰め込むように食事をすませてしまったことを思い出しました。

また食べるスピードをまわりの人に合わせることにも気を遣います。早い人は遅い人に、遅い人は早い人に合わせ、調節するためにひと口の量を加減したり、こっそり米粒を一つずつ食べたりします。

エゴを最小限に抑え、みんなで一緒に身体を動かした結果いつのまにか食欲が満たされているという感覚。これは初めて体験するなんとも幸せなものでした。

食事は食べものを口に入れてお腹を満たすだけのものではありません。食を得るために協力し合って働き、老人にも子供にも病人にもわけ合って等しく食べることは人間生活の基本だったのではないでしょうか。時には争うことも勿論あったのでしょうが、結局は礼を尽くしてみんなで頂くことがお互いにとってよいことを学んだに違いありません。

誰かと食事を共にすることは、それだけで連帯感を高め、心をゆるして空間を共有することで愛情も深まります。面倒に思えるかもしれませんが、全体のことを考え、長い目で見ると共同体を調和させるのにとても効果的だと思います。

まっすぐ坐る満足感

食事中は坐禅の姿勢が基本です。これを窮屈そうに感じる人もいるかもしれませんが、実際にはそんなことはありません。坐禅は「安楽の法門」と呼ばれるほど、慣れると身体に負担のかからないラクな坐り方なのです。

これは長い間坐っているとはっきりわかります。試しに椅子でもソファでも自分が一番楽だと思う方法でどこかに腰をおろしてみてください。そのままの姿勢で身体を動かさずにじっとしていると、ほんの数分でも身体が痛くなるはずです。

ところが坐禅の姿勢は慣れると一時間でも二時間でも同じ姿勢でラクに坐り続けることができます。脚を組むことの難しさが強調されがちですが、これは安定した上半身を保つために最適な脚の収め方にすぎません。身体のクセが抜けるまでは組んだ脚に痛みを感じることもあるでしょう。無理をして脚を組むことにこだわらず、まっすぐ坐るということに重点をおいてみてください。

禅寺にはまっすぐ坐るためのシンプルなコツが伝えられています。それが「**眼横鼻直**（がんのうびちょく）」、つまり耳と肩、鼻と丹田をまっすぐにそろえる方法です。

横から見た時に両耳、両肩がまっすぐにそろうように、また正面から見たときに両耳、両肩それぞれを横に結んだ線が平行を保つようにしてみてください。また鼻の頭から重りを糸でぶらさげた時、それが丹田の位置にまっすぐ重なるようにします。こうすると自然にまっすぐ坐ることができます。このようにすると頭の重さが均一に分散されて背骨がしなやかに立ち、胸は自然に開いて呼吸が深くなり、身体の余分な力が抜けて味覚や嗅覚も研ぎすまされます。

たとえば最近では片手で食べられるファーストフードの普及もあってかテーブルの上にひじをついて食事をする人をよくみかけます。しかしひじをついていると両手で食事を口元まで運ぶことができずまっすぐ食べものに向かうことができません。またひじはもともと体重を支えるための器官ではないので、そのひじを支えるために肩や背中の筋肉が緊張を強いられ、呼吸は浅く血流が悪くなり、味覚や嗅覚にも影響が出ます。まっすぐに食べ物に向き合って坐ると、無駄な緊張や負担を強いることなく身体が元気になり、触覚、味覚、嗅覚などの感覚がイキイキと働きます。

眼横鼻直を観察することは心を調えるという抽象的な作業を助けます。たとえば坐禅の姿勢で食事をしながらテレビを観ることはできるでしょうか。ほとんど不可能だということはやってみればすぐにわかります。このように雑念が入ると姿勢はすぐにくずれます。**逆に姿勢を調えることで「他人の器をのぞかない」といった心を調える難しい作法も、自然と実践することができるのです。**

古来よりお坊さんは一日一食、または二食の食生活を送ってきました。現在永平寺では夕方に薬というタテマエで「薬石」と呼ばれる夕食をとります。そんなに少なくて大丈夫かと心配されますが、**姿勢を正して食べると不思議とお腹がいっぱいになり、食べ過ぎることもなくなります。**

食事の姿勢は生活のあらゆる場面に影響するため、一日に数回必ずある食事の機会に自分のクセを知っておくと、心の働きを姿勢の変化によって感づくことができるようになります。

まっすぐ坐るためのもうひとつのコツは真似をすることです。姿勢のいい人と一緒に食事をするようにしたり、親しい仲であればお互いの姿勢のいいところを褒め合い、真似をしてみましょう。頭で考えて自分ではすぐにできなくとも、人のいいところをみつけ、お互いにそれを真似しているうちに自然とまっすぐに坐って食事をすることが心地よく感じられるようになります。

永平寺の先代住職、故宮崎奕保（みやざきえきほ）禅師はこのように言っておられました。

「学ぶということはまねをするというところから出ておる。
一日まねをしたら一日のまねや、それで済んでしもうたら
二日まねして、それであと真似せなんだら、それは二日のまね。
ところが一生まねしておったら、
まねがホンマもんや」

（ＮＨＫスペシャル「永平寺１０４歳の禅師」２００４年６月放送）

浄指で食べる美しさ

永平寺では「親指・人差し指・中指」の三つの指を「浄指（じょうし）」とよびます。食事中は可能な限り浄指で応量器を扱い、薬指と小指はそえるだけにします。こうすると静かに優しく食器を扱うことができるだけでなく、所作が美しく上品に見えます。

指先に気持ちが行き届くようになったら丁寧な合掌にも挑戦してみましょう。

永平寺では指をすべてそろえて手の平をぴたりとつけて合掌するように教わります。中指が地面に垂直になるようにして軽くひじをはり、合掌と身体の距離は常に拳（こぶし）約一個分の間隔を保つようにします。

指先を毎日まっすぐ調えるとそのうち余計な緊張がとれて自然に身体と心が変化してきます。すると食器にも感謝する心が自然と生まれるようになります。

中国福建省の南普陀寺（なんふだじ）という禅寺に滞在させて頂いた時に、陶器の応量器を置いたまま食べるという食事作法の違いに驚いたことがあります。漆は英語でJapanといい、熱を伝えない漆器が食器を手で持って頂く日本独特の作法を可能にしていると聞いたことがあります。

私はベルリンに住んで五年目になりますが、たしかに自分のお皿やフォークを決めている欧州の家庭はまだお目にかかったことがありません。そう考えると専用の茶碗や箸を持ち、それらを自分同様に大切に扱う文化を伝えている日本の方向に向かって指をそろえて合掌をしたくなってきます。

音を立てないやさしさ

黙って食べることは永平寺の食の作法の中で最も印象的だったことのひとつです。

これについては異論がある人もいるでしょう。黙って食べると何をしていいかわからない、あるいは冷たい感じがするという人もいるかもしれません。実は私も以前は家族や仲間たちとのコミュニケーションの機会として、食事中の会話を大切にするようにしていました。しかし永平寺の作法を知って少し考えが変わりました。静かに食べることに最初は違和感がありましたが、実際にやってみると実に楽しかったからです。

永平寺ではどんなに「美味しい！」と感じても食事中にそれを言葉にすることはありません。たとえ心の中でつぶやくことがあっても、それを特定の人への感謝の言葉にすることもありません。

最初は面白くないと感じていました。ここだけの話ですが「今日の煮物は絶妙な味付けだったね」などと食後にこっそり話したこともなかったといえば嘘になります。何しろ若い盛り、修行道場での楽しみは食べることくらいなのです。

しかしそうやって食事を頂いているうちに、それは決してコミュニケーションをおろそかにしているわけではなく、それ以上にすべての命に対して感謝することを優先させているのではないかと感じるようになりました。

料理について言葉にすることは楽しく、一時的には調理する人にとってもやりがいになるかもしれません。しかし言葉を口にすると、そこで関係を区切ってしまいます。**人間同士のコミュニケーションをおろそかにするわけではありませんが、それよりも命全体のコミュニケーションを優先させていただけなのです。**

美味しかったね、ありがとう、嬉しい、といった気持ちはたとえ無言で食事をしていても表情や仕草を見ていれば十分に伝わります。その場で美味しいと伝えなくても後でそっとその人が喜ぶ何かをしてあげることもできます。「美味しかったね」を公言するか、「ここだけの話」にとどめておくかは数年も続ければ大きな差になると感じました。

黙って食べていると他の音が際立つため、より静かに集中して食べることに意識が向くようになります。意識を向けるといっても自分に集中するのではなく、音を立てないことで自分とその場の距離が消えていき、自分が食そのものになるような感覚です。

自分より先にまわりの人がまず集中できるように配慮します。たとえば赤ちゃんは作法通りに扱うことができませんからまわりはいつもヒヤヒヤします。これとは逆に作法通り静かに食べていると食器をひっくり返すことが極めて難しくなりますから、まわりにいる人も安心して居心地がよくなります。その心は自分にも伝わり、結果自分も居心地よく感じられます。音を立てないように食事をすることは、結局は自分のためだと感じました。せかされるお店ではなく、ゆったりできるお気に入りのカフェに入るような感覚です。

「展鉢（てんぱつ）」の際の応量器の並べ方は厳格に決まっています。箸は必ず右手で扱う決まりになっていて、右手から遠い左側に御飯の入る一番大きな鉢、その右隣に汁物が入る中くらいの鉢、一番右手に近い位置に一番小さな鉢がきます。

「御飯が左、おみそ汁は右だよ」

これは自分から遠い所には背の高いものを、自分に近いテーブルの端には背の低いものを配置する原則に従っています。小さい頃に教わったあのルールもここからきているのでしょうか。

このように理に従って食器を並べることで、とりやすく、こぼしにくくなり、食器同士がぶつかって音を立てることなく食事をすることができます。静かな食の作法は見ている人も安心しますから、これも相手を気遣う配慮が型になったものです。

早過ぎない、遅過ぎない、相手に合わせて食べる、食器の並べ方や扱い方を工夫する……などなど沈黙からくる静寂の共有は時空を超えて伝わるお坊さんの知恵袋です。

理に従うと
粗相をしにくい
小
大
（右手から離れるほど大きくなる）

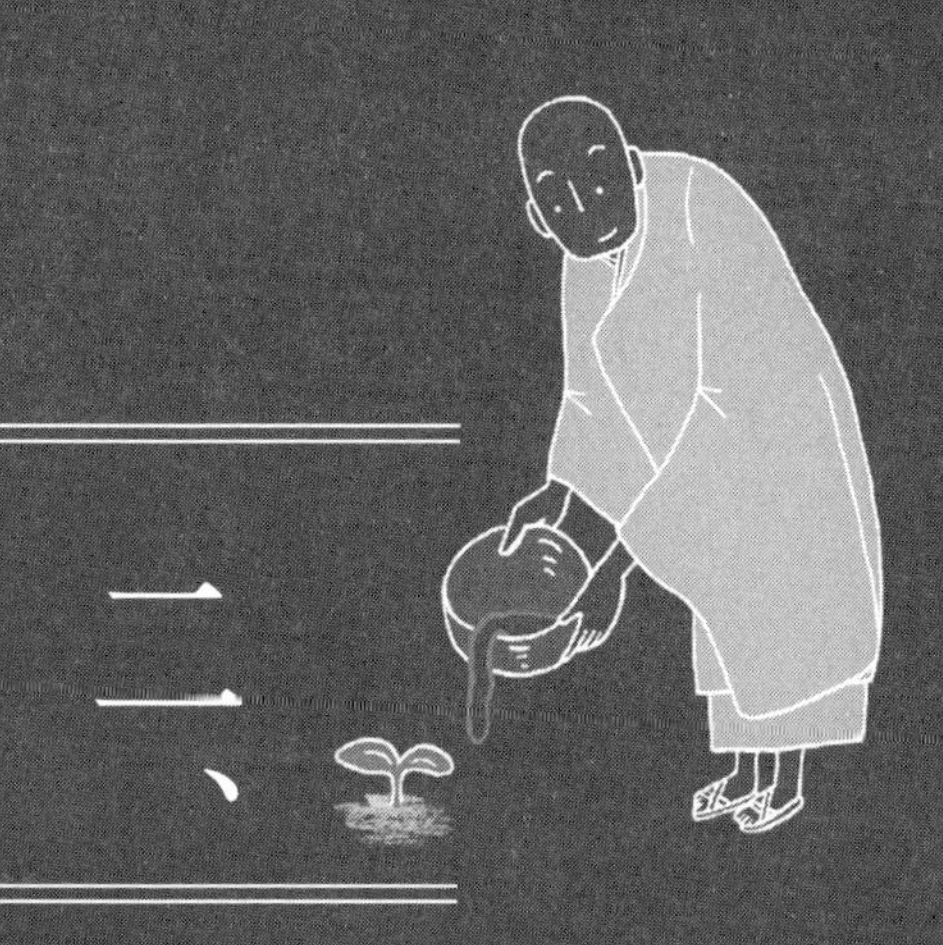

二、

調理の作法

食べるだけではない、食を支える調理の作法

食を軽んじて恥をかいた道元禅師

食べることだけではありません。永平寺では調理も大切な仏道修行とされ、台所である典座寮（てんぞりょう）では厳しく定められた作法に従ってすべての食事がつくられています。典座寮には経験にかかわらず全くの初心者も配属されますが、数ヶ月で皆一通りの調理をこなせるようになるのは、この作法が大きく影響しているに違いありません。

道元禅師は「典座教訓」で、調理がいかに尊い仕事かということを繰り返し説いています。つくることは、食べることに比べると、生きる上での必要条件ではないのに、なぜそこまで調理を大切にするのでしょうか。「典座教訓」を読み進めていくと、興味深い事実がわかります。それは道元禅師自身が、若い頃は食をそれほど重要だと思っていなかったということです。

道元禅師は西暦１２００年に京都で生まれ、14歳のときに比叡山延暦寺にて出家します。１２２３年、24歳で仏道を求めて海を渡り船で中国に留学しました。

宋の港寧波(にんぽー)に到着して、上陸許可を待っていたところ、ひとりの老僧が日本の椎茸を探し求めて停泊中の船にやってきました。老僧は港から約20キロ離れた阿育王山の典座老師でした。修行に励んでいる雲水たちに何か美味しいものを供養しようとはるばるやってきたと言うのです。この老僧との出会いは道元禅師に大きな衝撃を与えます。

お茶を勧めていつお寺に戻るのかを問うと、外泊許可をとっていないので椎茸を手に入れたらすぐに戻ると言います。60歳を超えてなお身を粉にして働く老僧に道元さんは尋ねます。

「あなたのようにお年を召した方がなぜ坐禅したり古人の語録を読んだりして修行しないのですか。わずらわしい台所の仕事をして何かいいことでもあるのですか。若い僧にまかせておけばいいのではないですか」

老僧、笑って応えます。

「日本から来た若いお人、あなたは修行というものが何か、また文字というものが何か、まだご存知ないようだ。しかしあなたなら、きっとわかる時がくるでしょう」

このように言われた道元さんはとても恥ずかしい思いをしたと振りかえっています。

「文字とは何ですか。修行とは何ですか」

続けて尋ねる道元さんに老僧は言います。

「今あなたが尋ねたことをうっかり見過ごさなければ、文字を知り修行をわきまえることができるでしょう」

その言葉を理解できずにいる道元さんの様子を見て老僧は続けます。

「もしまだ理解できないようなら、いつか阿育王山にいらっしゃい。ゆっくりお話しましょう」

そう言って立ち上がり「陽がくれる前に」と帰っていったのです。後にこの老僧に再会した道元禅師は
「私がいくらかでも文字とは何かを知り、修行とは何かを悟り得たのはこの典座老師のおかげ、わたしの大恩人である」

と「典座教訓」に書いています。この老僧との出会いがなければ、禅で食が大切にされることもなかったのかもしれません。その後道元禅師は如浄禅師というお坊さんに出会い「正伝の仏法」つまり正しい仏の教えを相続して帰国することになりました。

仏の教えとはお釈迦さまの教え。つまり仏教のことです。それは「不立文字（ふりゅうもんじ）」「以心伝心（いしんでんしん）」と表現されるように言葉にすることができません。お釈迦さまの直弟子の摩訶迦（まかか）

葉さん、その弟子の阿難陀さん……というように人から人へと代々伝わっていきます。お釈迦さまから数えると51人目の孫弟子が道元禅師というわけです。

このように師匠から弟子に仏法を代々伝えていくことを禅では「衣鉢を継ぐ」と言います。これはお釈迦さまが摩訶迦葉さんに仏法を正しく伝えた証として、お坊さんが唯一所持してもよいとされている衣と鉢を渡されたという故事に由来しています。本当に衣鉢を渡したのかどうかは確かめようがありませんが、禅でいかに食が大切にされているかを端的に表現しているといえます。禅とはたくさんのお坊さんによって受け継がれてきた「衣鉢の作法」なのです。

道元禅師が大陸から学んだこと

留学を終え帰国して京都の建仁寺に戻った道元禅師は28歳になっていました。中国から何を学んで帰ったかと問われた道元禅師は「眼横鼻直、空手還郷」と答えます。「何も持って帰ってはいません。仏道とは目は横、鼻は縦という当たり前の生活の中にある」と応えたのです。

道元禅師の下には次第に仏道を求める多くの弟子たちが集い、10年で本格的な僧堂を建立し、越前の山奥に永平寺を開くことになります。そんな中で記されたのが「典座教訓／赴粥飯法」です。

少人数で修行をしていた時は「あたりまえ」に伝わっていたものでも、慕う人が増えて集団が大きくなるとそうもいきません。食が大切ということは誰もがわかっているあたりまえのことだけに、それについて伝えることはともすると「余計なおせっかい」とうけとめられがちです。それを承知で書き留めておかずにはいられないほどのアツイ想いが道元禅師にはあったのでしょう。

この二冊が記されたことにより、それまで「あたりまえ」に実践されていた食の作法がより正確に後世に伝えられることになりました。

道元禅師は「赴粥飯法」で、当時の日本で食が軽んじられている有様を「あたかも禽獣の如し」と辛辣に嘆き、「法等食等」と書いています。仏法と食を「等」として、食を仏道修行の要とした道元禅師は、当時の社会でもかなり革新的な存在であったのかもしれません。どんなに立派なお坊さんでも食べなければ仏教は実践できないことを考えると、**食と仏法を同じく扱う「法等食等」という言葉も決して言い過ぎではありません。**

禅において食とはお釈迦さまの教えそのもの、道元禅師が後世のわたしたちに託したメッセージでもあります。

三心でつくる

道元禅師は食事を作る際の心構えとして「喜心(きしん)・老心(ろうしん)・大心(だいしん)」の三つの心を挙げました。

「喜心」とは巡り合わせを喜ぶ心。仏教ではすべてのものには実体がなく因縁が集まってできていると考えます。人間が小さな原子の集合であるという科学的な事実を鑑みると、「ワタシ」という存在も組み合わせを少し間違えれば石ころや虫、木の実だったかもしれません。たまたま人間として生まれ、しかもその人間の命を維持する尊い仕事を認識する運命に出逢うのは奇跡的なことです。そのことをまず喜んで調理にあたるという心が食における喜心です。

「老心」は母親が我が子を想う心、いわゆる老婆心です。母親は自分が空腹で凍えても構わず、まず我が子のことを考えます。そのような心ですべてに接するという教えは、自分の身体の一部のように食器を扱う永平寺での実践にはっきりと現れています。他人には言いにくいような食作法の叱咤激励も家族愛があればこそできるのです。

「大心」は区別せず、偏らない心です。プラダのバッグを大事にして、スーパーの買い物袋は粗末に扱うということのないように、世間的な価値観にまどわされずに海のように寛容、平等に物事を受け容れ行動することは、頭ではわかっていてもなかなかできるものではありません。

これらの三つの心は相互に結びついていて、どれかひとつに偏っては三心になりません。たとえば先に挙げた喜心、老心も偏ってしまうと偏愛となり、大心にかなわないことになります。

喜心が徹底されているときには表（具体的）には喜心が顕在するように見えますが、その裏側には老心、大心が潜在的に働いており、同様に老心の徹底も、喜心、大心なくしてはありえません。これらを別々のものとしてみるのではなく、実際の生活の中でいかに実行していくのかが最も大切です。

「洗鉢」 食べ終わりは食の始まり

「杓底一残水　汲流千億人」

永平寺の入り口にある龍門に刻まれたこの言葉は柄杓の底に残った水を、無駄にしないよう大切に川に還したとされる道元禅師の姿を伝えるものです。一滴の水も川に返せば海に流れて雲になり、それを受け取る世界中の人を支える命となる、といった意味でしょうか。

この言葉を実践する作法が「洗鉢」です。雲水たちは食事の最後に浄人によって給仕されるお茶とお湯で応量器を洗います。最初はたくさんのお湯が必要ですが、慣れてくると僅かな量でも上手に洗うことができるようになり、必要な最小限の水量を知ることができます。洗った水は折水の偈を唱えて桶に集め、器に最後に残った一滴は擎鉢して飲み干します。

これが天にものぼるくらいほんとうに美味しいのです。最初は抵抗があるのですが、次第にそれが一番の楽しみになってきて、洗鉢をしないと食べた気がしなくなってくるから不思議です。洗鉢を終えて応量器をしまうと太鼓が鳴ります。これを合図に全山の雲水は作務を始めます。応量器を洗う洗鉢は食事の終わりであると同時に次の食事の始まりでもあるのです。

娑婆でも食後にお茶やお湯で食器を洗って頂いてみましょう。御飯一粒も無駄にせず、最後まで美味しく頂くことができます。また熱いお茶で器が清められるので洗いものがカンタンです。**ただしあくまで三心を大切に。気遣いがなければどんな作法も傲慢になり、争いのもとになりかねません。**誰も終わっていないのに洗い始めて急かしたり、洗鉢の作法を全く知らない人の前で突然始めることのないように注意します。

洗鉢が当たり前になると、片付けも食事の一環と捉えることができ、親しい友人の家で食事をする時などは後片付けまで一緒にすることで食全体をさらに楽しむことができます。

整理整頓は「高処高平・低処低平」で行う

禅の整理整頓のルールは「高処高平・低処低平」、すなわち高いところに置くべきものは高いところで安定させ、低いところに置くべきものは低いところで安定させる、という意味です。大切な道具はそのものがあるべき居場所に収めましょう。

軽いものは高いところに。液体、ビンなど壊れやすいもの、重くて大きいものなどは低いところから重力に従って収納していきます。出し入れしやすいように背の高いもの（大きいもの）は奥、小さいものは手前に、種類ごとに分類しておけば、いざ使う時にリズムに乗ってスムースに扱うことができます。

流れるように自然な整理整頓の一番のお手本は自然です。

食卓に上がる料理と違って人目につかないからこそ、手間ひまをかけても丁寧に行うのだと典座寮で教わりました。余計なものは置かず、散らかさず、あるべきものはあるべきところに配置するようにします。作業場には使うものだけを置くようにして、最大

限に使えるスペースを確保します。

　作業途中の道具、特に包丁は手にひっかけて落とすと危険です。テーブルの端に平行に置くように、まな板などのすべりやすいものの下にはタオルを敷きます。


　永平寺ではゴミ箱のことを「護美箱」と書きます。不要になったものも整理整頓に欠かせない「護美」として大切に扱います。

　護美箱は堅牢で質のいいものを選び、それ自体も拭いて手入れをします。護美を出さずにすべて使い切るのが理想ですが、どうしても出てしまった護美を捨てる時は、最後にそのものに両手で触れて擎鉢し、できるだけ音を立てないようにして護美箱に

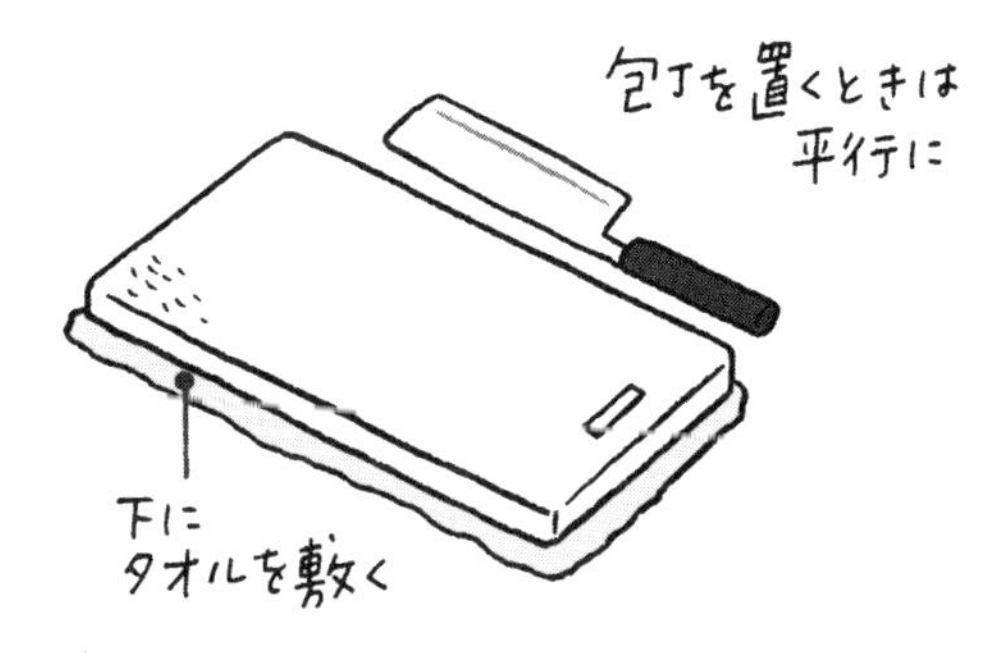

入ってもらいます。

私たちは皆重力に従い、自然の法則に従っています。自然はとにかく無駄がありません。植物の葉は一番太陽の光を浴びやすいように規則正しい位置に生え、虫は実に美しく羽をたたみます。面倒だからと適当に羽をたたむ虫は見たことがありません。

作務を大事にする

永平寺は公務別に20ほどの寮舎（部署のようなもの）にわかれています。どの寮舎に所属するかは無作為に選ばれるため希望することはできません。私は運よく（？）上山直後に最も厳しいと言われる典座寮に配属され、そこでの修行を経験させて頂くことができました。典座寮の雲水の睡眠時間は短く、早い時は深夜の1時半から起き出してその日の食事の支度を始めることもあります。眠さで頭がもうろうとする中でも全力で食に向き合う姿勢が求められるのです。

「ご馳走さま」という言葉は、昔客人に振る舞う食材の調達に馬を駆って走り回り、準備していたことに由来するといいます。典座寮には足が早いことで有名な韋駄天（いだてん）様が祀られていますが、本当に馬の手も借りたい気分になります。

典座が奔走するのは食材を準備する時だけではありません。調理後も刻一刻と変化する食べものを温かいものは温かいうちに、冷たいものは冷たいうちに運んで修行僧たちに供養できるように心を尽くします。そんな想いが韋駄天様を祀らせているのでしょうか。

ただしもともと仏教では食事の準備に走り回っていたわけではありません。インドではお坊さんが食事の準備など生活に密着した「労働」をすることが戒律で禁じられていました。作務は仏教が中国に伝わり再構築される中で成立した習慣だと考えられています。

作務の大切さについては中国の百丈(ひゃくじょう)禅師の有名な逸話があります。高齢になっても率先して作務に取り組む百丈禅師の健康を心配した弟子たちは、百丈禅師の作務の道具を隠してしまいます。すると百丈禅師はそれから食事を一切とらずに「一日作(な)さざれば、一日食らわず」と語ったというものです。

他にも

「草を斬り木を伐り、地を掘り耕すことは罪にあたらないでしょうか」

と問われ

「罪だとも罪でないともいえない。それはその行為をする人間次第だ」

とも言っています。（『百丈広録』より）

人間は生きている限り殺生をしないことはできません。それを十分承知しながら

「殺してはいけない」

という矛盾した戒律を掲げる。現実に置かれた立場を常に問い続ける百丈禅師の絶妙な緊張感が伝わってきます。「自分たちのことは自分たちでやる」という単純な文化もこういった先人たちの苦労によって護られてきた貴重な伝統なのだと思うと、眠い目をこすりながらも早起きして米を研ぐ力が湧いてくるのです。

また、「その日のことはその日のうちに終わらせる」といったあたりまえだからこそ、忘れてしまいがちなことが「典座教訓」には書かれていてハッとさせられます。

たとえば永平寺では寝ることを開枕（かいちん）といい、一日の終わりでなく「枕を開く」修行の始まりと見なします。10時半には完全に消灯され、それ以降は朝までトイレにいくこともできません。最初は小学校の合宿みたいだと思いましたが、先のばしすることなく毎

日スッキリ一日を終えることができるよさがあります。

夜の終わりが曖昧だと人生がいつまでもあると思ってしまいます。毎日の時間を無限と考えず、人生を限り有るものとしてその日にやるべきことをやりきって生きようとするようになりました。

典座老師は自らが台所に立って野菜を切り、米を研ぎ、煮たり、焼いたり、火加減を見たり、まずは自分の身体を動かして細かい作法を伝えます。また、典座老師は自分の仕事だけでなく、他人の仕事も大切にしていました。

典座寮に入ったばかりで右も左もわからない頃、初めて煎茶を煎る役をまかされたことがあります。何度もこがしてしまう私のそばで手本を見せ、典座老師は辛抱強く丁寧に教えてくれました。しばらくしてようやく上手に煎れるようになると、役に立てることがうれしく一生懸命美味しい味に仕上げようとしたことを覚えています。

典座老師にそうやって接していたからか、娑婆でも自分の仕事同様に他人の仕事も大切にするようになりました。たとえば小さな子供でも食器を運んだり、食卓を拭いたり、それなりに喜んでやりたがることがあります。

食は全体が関わることです。それぞれができることを探し、みんなで役割を分かち合い、食の機会をつくりあげるのも典座の重要な仕事なのです。

大切に出汁をとる

道元禅師は中国の禅寺で修行をしていたある日、炎天下に仏殿の前で椎茸を干している老僧（前述の典座とは別人です）に出会いました。

「あなたのようなお方が炎天下でそのような仕事をしなくとも下働きの者にやらせてはどうですか」

気遣う心からそう尋ねた道元さんに老僧は

「他は是れ吾にあらず（他人は自分ではない）」

そう諭します。衝撃を受けた道元さん

「それは素晴らしいことですが、どうしてこのような暑い時になさるのですか」

さらに問いかける道元さんに老僧は

「更に何れの時をか待たん（今やらないでいつやりますか）」

と一言。

グウの音も出なかった道元禅師は、この出来事を通じて典座がいかに重要な仕事であるかを重ねて理解することになりました。

大変な仕事こそ他にゆずらず、難しい環境でも明日があると思わずに、その瞬間その環境で自らができる精一杯のことを一生懸命やりぬくのが典座の心です。

上山したばかりの頃、味噌汁のまろやかな味に衝撃を受けた記憶があります。その秘密は典座寮に配属された時にわかりました。永平寺では椎茸、昆布の他、料理に使って出た野菜の皮や種、芯なども捨てずにとっておき、昆布、椎茸と一緒にだし汁として使います。朝とった昆布も二番出汁、三番出汁として利用していましたし、その後も煮物などの材料として無駄無く使い切っていました。一粒の米も無駄にしてはいけないという教えを守る工夫がこのまろやかな出汁の味を生んでいたのです。

日本の出汁は西洋のものと比べて比較的早く簡単に準備することができます。天然の素材をそのまま使うのではなく、乾燥や燻煙など加工したものを使用するといった出汁の取り方は日本独特のものだと聞いたことがあります。出汁を頂くことは、料理に取り組んできた先人たちの伝えてきた智慧を頂くことなのかもしれません。

一滴も残さずに水滴を拭く

典座寮に入りたての新米雲水が最初にやるのはガス台磨きです。コンロの「五徳」を外して徹底的に磨きます。最初は入門したばかりの雲水を鍛えるためだと思っていましたが、実はそうではありませんでした。油を使った調理をすると、ガス台に見えない油がたくさん飛び、放っておくとほこりと一緒になって汚れがこびりつきます。人間の目は都合のいいものしか見えないものだと思い知りました。後になるほど処理が大変になるのですぐに拭くのが結局は一番楽なのです。

「洗って拭いて元に戻す」。

永平寺で教わった台所の基本です。典座寮では水まわりの水滴を一滴でも残さないよう、使うたびに徹底的に磨き上げることを厳しく指導されました。

油ならともかく水であれば「またすぐに使うのだからいちいち磨かなくてもいいのでは」と最初は浅はかにも思っていましたが、拭き上げを毎日行っていると、見た目には何も変化がなくても変わっていくような「何か」を肌で感じるようになります。それは**眼で見たり、手で触れられるものとはちょっと違うような何か、毎日拭いている場所に血が通い、自分の身体の一部になっていくような不思議な感覚です。**そのうち拭き上げていないところが心の雲のように気になる存在になってくるのです。

何百年も継続されている生活から必然的に生まれた習慣は、すぐには理解できない不思議な魅力があります。道元禅師は『正法眼蔵（洗面）』の中で「まだ汚れていなくても洗い、すでにきれいであっても洗うことが仏道における洗うことだ」と説いています。汚れていても汚れていなくても磨く。掃除は汚れをとりのぞく目的でやるものだと思っていた私には驚きでした。

自分の身心と環境はいつも相互に調和を保とうとしています。それらがつながっていることが実感できると、身体と心の変化も晴れた日の通り雨のようにうけとめることができるようになります。独りで身心の好調不調を抱え込むことなく安心して受け入れることができるようになりました。

水を拭いた後の布巾の扱い方にも心が込められています。応量器展鉢の最後の布巾のしまい方には興味深い作法がありました。まず布巾を横に二つ折りに半分にして応量器の上にのせ、手前に返してかぶせます。最初からかぶせれば簡単なのになぜこんなことをするのでしょうか。

これは相手に風やほこりが向かわないような配慮だと、作法が身について随分時間が立って老師から教わりました。普段の食事ではどうでもいいことかもしれませんし、実際に風が来たからと文句を言う人はそうはいないでしょう。しかし一日2回として一年で700回、10年で7000回50年で3万回、**人生の中で何千回、何万回と食事をするそのときに、常に型によって心づかいを実践しているとどんな違いが出てくるでしょうか。**

作法には頭で考えてもすぐには理由がわからないものがたくさんあります。自分より弱い立場の存在にとっては布巾によって起こる風も影響が大きいのかもしれません。それらに想いを馳せるときに人間の活力は最大になるものです。

自分の身体のように道具を大事にする

典座寮に所属された雲水が一番に渡されるのが包丁です。それもかなり質のよいものを頂き驚きました。

永平寺には最低限生活に必要と規定されたもの以外、私物は一切持ち込めません。皆が同じものを持っているので、持ち物にはすべて名前を書くように言われます。包丁にも個人で護持（ごじ）するものとして名前を書いておくように言われ、大切に大切に研ぎながら使いました。この包丁は今でもベルリンで野菜を刻んでいます。私はそれまで包丁などほとんど握ったことがなかったのですが、その瞬間から調理に取り組む気持ちが全く変わったことをよく覚えています。

「典座教訓」には調理に必要な最低限の道具をそろえ、それらが壊れていないか、汚れていないか、使うたびに念入りに点検し、不具合があったらすぐに調えるように書かれています。調理器具は大切に手入れをすれば家族で代々使えるものです。三代先の子孫が使うことを考えて質のよいものを選びましょう。

たとえば鍋一つとっても数百円で買えるものから数万円のものまであります。お金をかければいいというものではありませんが、安いものはすぐに焦げ付いたり水分だけが飛んでしまったりすることがあります。少し当てただけでへこんでしまうようなものではこちらの気分までへこんでしまいます。

以下に都心の一人暮らしでも最低限そろえておきたい道具と、選ぶ時のポイントを書きました。新しく何かを手に入れる際は自分だけで選ばず、母親、祖母など長い間食事の支度に携わっている人にアドバイスを求めるようにするといいでしょう。長年使ってきた人ならではの使い勝手のよい道具選びのコツを知っているものです。

包丁

よく切れる、重過ぎず、軽過ぎないもの。果物ナイフのような形よりは万能包丁が便利。

まな板
良質な木のまな板は刃あたりが心地好い。ヤスリやカンナがけをしてカビないように管理すれば代々使える。

片手鍋
汁物をつくる。アルミはこげやすい。厚みがあるとこげにくい。煮る、炊く、ゆでる、蒸すなど一つで何役もこなせる万能鍋がよい。

フライパン
炒め物や焼き物をつくる。鉄製のものは丈夫で長く使える。

菜ばし
先が細くてしならず、折れないものを。角箸はすべらず持ちやすい。

木べら

鍋にフィットして扱いやすいもの。竹べらも長く使える。

おたま

適量がすくえるもの。鍋にあたっても音がしない木製もよいでしょう。

すりばち&すりこぎ

ごますりの必需品。フードプロセッサーでは出せない自然でなめらかな風合いを出すことができます。

衣類

お気に入りのエプロンをつけると、調理に取り組む気分が変わります。必要に応じて手ぬぐいなどを頭にまくとよいでしょう。

典座寮では衣類を清潔に保つことに特に気を使います。しわになりにくい厚めで張りのある布地の白衣を着用し、頻繁に洗濯をします。エプロンの場合は首にかけるものでなく、背中や腰にたすきがけになるものであれば毎日使っても肩がこりません。こまめに洗濯、乾燥させ、収納しておきます。

禅寺では一枚の布巾にも敬意を払います。用途に応じて大切に使い分け無駄を出しません。私は娑婆でもこれにならい、新しいおろしたての布巾は洗った食器の水滴を拭き取るために、それが汚れてきたらお手拭きに、お手拭きが汚れてきたら台拭きに、台拭きが汚れてきたら床用の雑巾に、という具合に分類して使っています。

菜箸から鍋に至るまで、食に関わる道具は壊れていないか、汚れていないか、使うたびに点検し、不具合があったらすぐに調えるようにして手入れをしましょう。「典座教訓」にも道具を元の場所に戻す時は、壊れているものがないかどうか念入りに点検するように書いてあります。

献立をつくることには重要な意味がある

献立をつくることも典座寮の大切な仕事です。「典座教訓」には献立について、どんな内容であれば手に入れた貴重な食材を一切無駄にすることなく修行僧の身心を満たすことができるか、修行を営む健康を維持できるのか、諸々のことを想いやって責任を持ってつくるように、とあります。

献立を立てるとまず無駄がありません。

私は学生の頃、使い切れずにとっておいたジャガイモが芽を出してしまい植物園のようになってしまった苦い思い出があります。典座寮で修行を始めたばかりの頃にも「見つからないだろう」と横着をして野菜の茎や皮を捨ててしまい、後で先輩に見つかり鬼のように怒られたことがありました。最後まで無駄なく使い切るように献立が立ててあったのです。

献立の習慣は自分にとって何が本当に必要か、原点から考え直すきっかけとなります。

現在は各家庭で冷蔵庫を使うことが一般的になっていますが、冷蔵庫に入れたからといって、いつまでも保管しておけるわけではありません。翌日に何をつくるかをあらかじめ書き出しておけば、食材を調達する際も必要最小限のものだけを選ぶことができ、衝動買いを防ぎ、冷蔵庫の奥のほうで食材が傷んでしまうということもなくなりました。

それでもどうしても使い切れない食材は出てくるものです。そんな時は豆腐やこんにゃくなどは香りがうつらぬよう水に浸しておいたり、味噌や醤油は空気や光に触れて風味がおちないようにするなど、食材の特性に配慮して保存します。

食材は最後まで使い切るのが基本ですが、私は食べる分だけを手元に残し、あとは近所におすそわけをしています。私のアパートの隣に住むドイツ人男性とは、最初ほとんど交流がありませんでしたが、おすそわけをするうちに仲良くなり、最近では彼の家族との食卓にも招いてくれるようになりました。余りものが近隣との関係を円満に保つきっかけにもなるのです。

献立には欲を抑える効果もあります。雲水たちに「今日の御飯は何だろう」という無駄なわずらいをさせない心遣いを、食事の内容をあらかじめ書き出して知らせておくことで型にしたものと言えます。

永平寺では朝の雑巾がけの後、古参雲水が「ぼたもちを食べる作法を確認しておきなさい！」と雲水たちに知らせることもあります。あらかじめ知っておき、楽しみにできると、無性に欲しくはならなくなります。

娑婆では献立を書いて張り出しておくことでつくる時も食べる時も欲をおちつかせ、無駄なわずらいをすることなく、食に向き合うことができるようになります。

娑婆で献立の習慣をつけるコツは

1 週に一度から
「如常(にょじょう)」（いつも通り）と「各自(かくじ)」（状況に応じて）を使い自分のペースでつくります。

2 簡単でよい
料理の名前と使った食材のみを記録し、分量、作り方など詳細の記録は省きます。

3 地味でよい
手の込んだ料理をつくる必要はありません。ある食材で飾らずつくりましょう。

最初は週に一度でも十分です。献立を立てる時は無理をしてすべての日の詳細を書かないようにします。たとえば私の場合、朝御飯はお粥に沢庵、ごま塩が定番です。いつも通りの食事なら【如常】と書きます。外食の予定が入っていて家族がそろって食事をとれない場合などは【各自】と書いておきます。

レシピと違い、必要な食材の分量や調理法などは書かずに、準備する食材の品目のみ書くようにします。

「カレー（人参、じゃがいも、たまねぎ、こんにゃく、しいたけ）、福神漬け、林檎」

これは実際のある日の永平寺の献立。永平寺ではいつ頃から始まったのか、野菜の切れ端を集めて定期的にカレー汁を頂きます。これだけでも立派な献立です。

週の初めに一週間分の献立を書いておき、見えやすい場に張っておけば食材を無駄にすることはありませんし、家族に食事の心配で余計な気を遣わせることもありません。一度つくってしまえば前の週のものを参考にすることができます。

こうやって臨機応変に食生活を献立に記載し、それを張り出しておくことでいたずらに煩悩を刺激しません。調理をする時は一週間に一回でもいいので献立を書き出してみましょう。

伝統を次世代に伝えることも献立の大切な役割です。

永平寺では365日すべての食事の献立が記録されています。過去の同じ日の献立表を参考に、季節の行事と倉庫にある食材に合わせて献立を立てていました。

食べやすいように、美味しく楽しく効率よくできるように、先人たちが工夫してきた献立を真似するからこそ、ようやく調理ができるのです。母親でも友人でも構いません。上手下手にかかわらず、料理を日常で実践している人に尋ね、まずは献立を立ててみましょう。

といっても娑婆で白紙からいきなり献立をつくろうとするのは、Tシャツで富士山に登ろうとするようなものです。たとえばスーパーで並んでいる野菜を見てパッと「今日は何をつくろう！」というアイディアが浮かんでくるのはかなり台所仕事の経験のある人でしょう。そんなことは私も勿論できません。だからこそ献立があるのです。

ベルリンでも禅寺の食事の基本である一汁一菜に従って献立を立てています。まずは主食となる米やパン、うどんなどを決め、汁の具を決め（時にはすまし汁やスープ、カレーの時もあります）、最後に一品をそえるシンプルなやり方です。その際重要なのは食事をする人の人数、生活状況、健康状態を微に入り細に入り確認することです。食卓に集う人の笑顔を想うと楽しくなってきます。

永平寺には100名以上の雲水が生活していますが、当番などで全員が同じ場所で食事をできるとはかぎりません。各寮舎で毎食必ず食事をする人数を細かく報告していました。

誰がどんな健康状態で、どこで食事をするのかを把握するのも典座の大切な仕事です。献立は健康な身体と心を育てる禅の食の基本です。何事につけても和を第一に尊んで乱さない心の現れが献立なのです。ぜひ試してみてください。

肉も魚も大事に扱う

高価な松茸が手に入ったからと喜び浮き足立ったり、どうせ粗末な菜っ葉の切れ端だからと手を抜かず、何であろうと大切に、むしろ粗末なものほど工夫をこらして最上のものをつくるように努力をして調理にあたります。何を食べるかでなく、どのように食べるか。そこにあるものをできるだけ一番いい状態、食べやすい状態にして仏さんや雲水たちに供える工夫の心が典座寮ではつらぬかれています。

一般的に肉や魚を使わない料理が精進料理であると思われがちです。たしかに永平寺では肉や魚を一切使いませんし、日本人は穀物や野菜を中心とした食事が身体に馴染む人が多いようです。私も最初は穀物と野菜だけで生きていけるのかと思っていました。しかし実際に生活してみると、慣れるまでは体調を崩したものの、慣れてしまうとむしろ身体は軽く、調子がよくなったように感じました。

ただし「典座教訓」には「肉や魚を使ってはいけない」と書いてある箇所はどこにも見当たりません。

最近では菜食主義者専用のメニューが用意されているレストランも増えてきました。ベルリンにも「ベジタリアン」がたくさんいます。その中には食肉の生産過程に心を痛め、慈悲の心から野菜のみを選ぶようになった人もいます。しかしそういう人が野菜を残して捨ててしまう姿をみかけると残念な気持ちになります。

昨年チベットのお坊さんを日本の禅寺に案内し、応量器を使って精進料理を頂きながら一週間生活を共にする機会がありました。寒冷なチベットでは植物性の食品が少なく伝統的に肉を中心とした食生活を営んでいるらしく、チベット仏教のお坊さんの中には肉しか食べない人もいるそうです。出された料理を何でも丁寧に頂く彼の姿が印象的でした。

肉を食べながら仏道修行をする人もいれば、野菜しか食べなくても煩悩のまったただ中にある人もいます。彼は今、自分の生まれたチベットに還ることができない状況にあります。幸い日本は今のところそのような状況ではありませんが、いつどうなるかは誰もわかりません。

目の前の命はどのようにこの場に運ばれてきたのか、どうすれば地球上のすべての存在がその命を健やかに全うできるのか、黄色い衣のチベットの兄弟と一緒に五観の偈を唱えながら思いました。

精進料理とは肉を使わない料理のことではなく、慈悲の心で作る料理です。慈悲とはこの世界のあらゆるものが互いに依存しあって存在している事実を認めることです。食材を差別することなく一生懸命支度しましょう。

三徳六味を調える

精進料理というと薄味、質素なものを我慢して食べるというイメージを持っている人がいるようですが、そうではありません。永平寺の典座老師は味付けはもちろん、盛りつけもいかに美味しく食べてもらうかいつも工夫していました。精進料理は美味しさを追求した料理なのです。

「典座教訓」には「三徳六味（さんとくろくみ）」を調える方法が記されています。

三徳とは「軽軟（きょうなん）・浄潔（じょうけつ）・如法作（にょほうさ）」、軽やかで柔らかく、さっぱりと清潔で、正しい作法に従って調理されていること。そして六味とは「苦・酢・甘・辛・塩」の五味に素材そのものの味を引き出す「淡」を加えたものです。苦すぎず、酸っぱすぎず、甘すぎず、辛すぎず、塩からすぎない味付けを心がけると、自然に素材そのものが持つ淡い味わい、すなわち「淡味」が引き出されてきます。

といっても味の強いものはすべてダメというわけでもありません。その瞬間、その人にとってはそれが必要なのかもしれないからです。

特にストレスの多い現代生活ではこの六味をバランスよく調えるだけでは物足りなさ

を感じることもあるでしょう。

たとえば東京などの都心部に滞在すると甘いものや油っこいものが食べたくなります。精神的な疲労や緊張を日々強いられることで、欲求が甘いものや油っこいものに向かうのかもしれません。その時は質のいい油を使って旨味を加えたり、みりんや酒、ナツメヤシ、りんごやレーズンなどの果物で甘みを加えたりするのもよいでしょう。

淡味の存在を知り、大事にしていると、そのものが内に秘めている奥深い味わいがわかるようになります。強くは主張しないけれども、素材が本来持っている、長い時間をかけて響いてくる淡い味わい。**食以外の人やものにも、そのように醸し出される淡味の魅力を発見するようになってきます。**本当の美味しさは決していたずらに欲をかきたてるものではありません。

三徳六味のバランスを知ってからは、目の前の欲に惑わされにくくなりました。

給仕にこだわる／献膳と僧食九拝

心を込めて調理した料理、真っ先に誰に食べてもらいたいでしょうか。子供たち、両親、友人、恋人。自分で一番に食べたいという人もいるかもしれません。社会のすべての人にその想いが伝わるような調理ができれば最高です。

禅寺では、出来上がった料理をまずは仏様にお供えします。仏様、といっても木や金属でできた像ですから実際に食事をするわけではありません。しかし実際に食べる人と同じように美しく盛りつけ、汁物から湯気が出るような最も食べごろのお膳を仏像の前に供えるのです。典座寮で調理したものを真っ先に給仕する仏像は、実際には給仕されたものを食べるわけではありません。それでも食感や見た目を調えて、人間に出すもの以上に心を込めて仏膳を作ります。

この作法を「献膳（けんぜん）」といいます。献膳をする際は静けさ、すばやさ、美しさ、どれもが欠けぬように気を配って行います。静けさを意識しすぎると所作が緩慢になり、料理が冷めてしまいます。すばやさを求めすぎると今度は粗雑になり美しさを損ないます。

美しさを意識しすぎると華美でうるさい印象を与えてしまいます。

献膳は自らの姿を映し出す鏡。もの言わぬ仏像に対してこれらのバランスを相互に働かせ、礼を尽くすところがポイントです。「これでよし」という及第点がないからこそ謙虚な努力が自然に生じます。

私は永平寺を下りてからもずっと献膳の作法を続けています。

献膳といっても特別なことをする必要はありません。自分が頂く食事を別のお皿にわけて、自分が食べる前に仏壇にお供えして合掌するだけでいいのです。仏壇が家にない場合は、部屋のどこかに自分の大切なものを置いておくスペースをつくり、そこを仏壇と思ってお供えするといいでしょう。主食となるごはんやパンを小さな皿にのせるだけでも十分です。まずは型を実践してみましょう。食事が終わったら献膳を下げることも忘れないでください。いつまでも置いておくとホトケさんもおなかいっぱいになってしまいます。

自分のためでなく誰かのためにつくることで人は元気になります。さらによいものをという工夫も生まれます。たとえば献膳の際に香りのいいお香を供えたりしてはいかがでしょうか。お香はそこにいる人に平等に香ることはもちろん、あの世の人にも届くと言われています。香をたくことで場が清まり、五感が敏感になり、より食事を美味しく味わうことができます。試してみてください。

真っ先に仏様にお供えするのなら、修行僧たちは残りものを食べるのかというと、そうではありません。僧堂で修行をする雲水たちも仏様と同じように食事を頂きます。仏様と一緒に頂いているという気持ちが大切です。

典座寮で調理された食事は木の桶に入れられ、修行僧たちが坐っている坐禅堂に運ばれます。この時に毎回行われるのが「僧食九拝（そうじききゅうはい）」という作法です。

これは典座老師自らが典座寮にお祀りされている韋駄天さんの前で香を焚き、出来上がった献膳と雲水たちの食事をお供えして「雲水が坐っている坐禅堂」に向かって九回のお拝をして調理した食事を送り出すというものです。

修行僧同士の挨拶は通常一回、朝のお勤めでの本尊さんへのお拝は三回するのが普通ですが、この僧食九拝ではその三倍の九回のお拝、それを食事のたびに行います。それぐらい最大限の敬意を払うのです。

給仕をする浄人は合掌して頭を垂れ、このお拝を見届けた後、韋駄天さんのように静

僧食九拝
そうじききゅうはい
韋駄天前へ供え
九回お拝をする

かにすばやく美しく、料理が一番美味しいうちに坐禅堂の雲水たちに届けます。九拝の九は最上級を意味します。「食を大切に」と口でいうのは簡単ですが、実際にここまでのことが行われている組織があるでしょうか。最初は何をしているのか、その意味がよくわかりませんでしたが、その背景を知った時には大変感動しました。

給仕にこだわる／盛りつけ

盛りつけにこだわると、食べやすく美味しそうに見えるようになり、給仕がますます楽しくなります。

典座寮で驚いたのは盛りつけに非常にこだわることです。精進料理は質素で無骨なイメージで、見た目は気にしないと思っていましたが、そうではありませんでした。典座老師は同じ食材、同じ調理方法でもどのように盛りつければより美味しそうに見えるか毎日心を配っていました。茄子の煮浸しは、つゆに浸した後にペティナイフで綺麗に切り込みを入れてひねっておくことで、下部が安定して美しく皿にのってくれます。酢の物や和え物は重力に従って山のように、下から上にいくほど高くとがらせます。御飯は一度に盛らず、手間をかけて数回にわけ優しく盛りつけます。

切れ込みを入れてひねることで、つゆが茄子によく行き渡り、見た目だけでなく食べるときも美味しかったり、ふっくら先を尖らせて盛りつけることで少ない量でもボリューム感があり見た目にも満足する一皿が出来上がったり、ごはんをフワッと盛りつけることで箸でとりやすく、蒸気がこもらず粒だった食感が楽しめたり、と実際によいことがたくさんあります。これらは美しさを追求していけば後から発見することができるでしょう。

重力に従って見た目を調えれば、食べる時には重力に逆らって盛りつけを崩して食べる楽しみもできます。赤ちゃんはおもちゃの積み木を積み上げるとすぐに崩したがりますが、これは人間が共通して持っている遊び心を満たしてあげる工夫といえるのかもしれません。

裟婆で盛りつけの参考になるのが料理本に掲載されている美しい料理の写真です。最近ではインターネットなどでも見本の写真を簡単に検索することができます。これらの見本写真は美味しそうに見えるように工夫に工夫を重ねて盛りつけてありますから、まずはそれらを真似してできるだけその通りに盛りつけてみるといいでしょう。

給仕にこだわる／浄巾

食卓を調えることも典座の大切な役目です。典座老師はよく僧堂に来て、雲水が食事をする様子を眺めたり、自ら給仕をしたりしていました。

娑婆で食卓に食器を並べる前に取り入れてほしい禅の作法は「浄巾（じょうきん）」です。浄巾といっても何か特別な布を使うわけではなく、ふつうの布巾です。一般的にも食後に布巾で食卓を拭いて汚れをとる習慣は多くの人が実践するところかと思いますが、**禅寺では食前にも、汚れのあるなしにかかわらず毎回必ず同じように浄巾で牀縁を拭くのです。**

最初と最後に浄巾があることがはじめは不思議でした。もともと拭く必要がないくらいきれいで清潔なのですが、食べる前よりも美しく、次にそこを訪れる命が気持ちよくその場を継承できるようにしてその場を離れる。これを毎日繰り返すので牀縁は磨かれ、美しいツヤが出ます。

水滴を拭く布一枚も無駄にせずに使い回します。私は食器用、手拭き、台拭き、雑巾の三種類に奈良の蚊帳布巾を愛用しています。お気に入りの布巾を用意して、食器を並べる前に食卓を順番に従ってまんべんなく一拭きしましょう（こうしておくと、万が一食べ物が器からこぼれてもテーブルにこびりつきにくくなり、清潔な食卓が保たれるという現実的な効果もあります）。

永平寺では「検単（けんたん）」という作法があり、浄人が何事もないかどうか、一回の食事で二回も、全員の単をチェックしています。ほとんどの場合何の問題もないので、最初は何をしているのか不思議でしたが、後になってそれがあるからこそ安心しきって食事をすることができると理解できました。

浄巾が習慣になると、並べる前のテーブルのチェックを怠らないようになり、前の食事で万が一とりのこした汚れがあってもゲストに不快な想いをさせることがありません。最初と最後のおきよめは一番大切な給仕の一環です。汚れをきれいにするのはあたりまえ。キレイなものをさらに磨くことで美しい卓を保つだけでなく、心も清らかに磨かれます。

互いに礼を尽くす給仕の作法

やる気と志があっても本能の前で人間は弱いものです。「食足りて礼節を知る」という言葉があります。食が満たされていないと普段何でもないことでイライラしたり、簡単なことでもできなかったりします。自分が一番空腹な時にまず相手に食事を届ける給仕は食の作法の中でも最も難しい作法といえるでしょう。**毎日本能と向き合い、身心を調えていくことでようやく、いざという瞬間に人間らしい実践ができるのです。**

給仕にこだわっていると給仕される時にも礼を尽くしたいと思うようになります。口で言うのはラクですが、相手がいるため実践するとなると簡単ではありません。早くやり過ぎると無礼になりますし、あまり遅過ぎると相手を待たせることになります。浄人は一年目の新米雲水から五年目の古参雲水まで全員が交代で担当します。永平寺では食べる時の作法の厳しさが強調されますが、実は浄人進退とよばれる給仕する作法こそ難しく、熟練した雲水でなくてはできません。給仕の際に気をつけるべきことは献膳と共通しています。

「足音を立てない（静かに）」「順序よく（早く）」「邪魔にならない（美しく）」の三つです。

給仕の際、浄人は乱雑に堂内に入らないように、サンダルや衣のこすれる音にまで気を配ります。すばやく、かつ緊張を強いない桶の持ち方、運び方を工夫して、御飯の次は汁物、汁物の次は沢庵、といった具合に待たせないように、せかさないように、入るタイミングを調整します。それも相手に気を使わせないように「ちょうど到着したよ（本当は狙っていた）」という塩梅が大切なのです、まるでニュートンの目の前に落ちる林檎のように。

湯を注ぐやかんのふたへ指をかけるかけ方まで定められており、細心の注意を払います。浄人は入れ過ぎぬように気を配ります。受ける方もこぼさぬように神経を使います。

汁の給仕もすごく難しいものです。おたまで一度にたくさんすくうと、汁物の具が鉢のふちにつき、洗鉢が非常に難しくなり相手に迷惑をかけます。かといってあまり少しずつすくうとモタモタすることになります。

汁物の鉢を浄人に渡す時は雲の上に浮かべるようにそっと静かに置きます。受けとる時は落ちてきたさくらんぼを手でつつみこむように受けとめます。

鉢の受け渡しは、息がピタリと合わないとできません。相手の心に合わせて自分の働きも起こる肌感覚なので、こちらから行き過ぎても遠慮し過ぎてもいけません、毎回の給仕で礼に始まって礼に終わる武道の試合のような真剣勝負が展開されているのです。

給仕を受けるほうも油断はできません。相手が給仕しやすいように、相手の動作のじゃまにならない位置に鉢をゆっくり素早く近づけるようにします。「ほんとはもう少しほしい、このくらいであればもらい過ぎにはならないかな、もらい過ぎてしまったかな、これは自分が満足できていないな……」など相手も自分も一番喜ぶ、互いが不快にならない微妙なバランスをとります。

給仕のよさは「やり過ぎ」がわかることです。作法は「作法のための作法」になってしまうと、ただの押し付けにしかなりません。作法にこだわるあまり、相手を緊張させたりしてはいけません。相手のことを想いやり、一番心地よく過ごせるように適度にこちらも合わせることが必要です。

給仕の作法はとくにドイツの実際の生活で役に立っています。慣れない言語でのやりとりで相手の真意がわかりづらい時も「こいつはもらい過ぎかな」「もっともらってもいいんじゃないかな」などの微妙な感情が給仕の時と同じように常に自分の中で働いていることに気がつきます。

自分はもらい過ぎていないか、逆に与え過ぎて不安に思っていないかを感じとることは意外に難しく、これでいいというものはありません。遠慮することは比較的簡単なのですが、それをし過ぎると、相手が善意で与えてくれるのを拒否してしまうことになりかねません。また頼まれごとをしてはっきりと断らないために巻き込まれるトラブルも国際色豊かな人間関係の中で、特に日本人からよく耳にする悩みです。

給仕は現代生活の中で、人と人がつながる数少ない貴重なチャンスです。食事だけでなく、人と人が何かを受け渡すたびにその感覚を磨いていくと、日常生活がうまくまわってきます。お店でお金を受け渡す時やカウンターで飲み物を受けとる時に何気なくやっていますが、ものの受け渡しは心がつながらないとできません。食事で一番本能が働く時に量を調節して受け渡す行為をまず大切にしてみましょう。

本能から欲しいものを分かち合い、渡し合う機会は、そんなに多くはありません。食はその貴重な機会です。

そういう私も顔見知りの年上の人には丁寧でも、初対面の売店のスタッフには冷たい態度になってしまいがちです。受ける時に敬意を表現するのはまだやさしいのですが、与える時にへつらわず、卑屈にならない礼はなかなかできません。互いの立場を経験し、押し付けを感じさせないようにします。こういったことは机に向かっていくら勉強しても身につきません。

自分のことを評価してくれる人に対して心配りをしたり高級な品物を大切にしたりすることは比較的簡単です。一般的に粗末に扱われている人やものに接する時ほど、その逆の扱いをしてみましょう。相手に押し付けるわけでもなく、奪うわけでもない絶妙なバランス。**食事の際に自然な受け渡しができるようになれば、一般的な人間関係においても思いやりのある授受関係を築けるようになります。**セルフサービスの仕組みに頼らないことは、たしかに気を遣うのでその時は大変なのですが、肌感覚が身につき、長い眼で見て結局、人を社会を自然を利する和の実践となるでしょう。

給仕はともするとも誰にでもできる簡単な仕事と思われがちです。給仕をする人に対して最大限の敬意を表現する作法も、永平寺以外ではあまり見たことがありません。たとえばレストランでは、客とウェイターが互いに礼をし合うことはほとんどありません。しかし永平寺では、10年目の古参も上山したての浄人も、同じように丁寧に礼をします。口先だけではなく、身体を使った礼法でその心を継承している禅寺の習慣をとても魅力的に感じました。

このような気持ちでいると、新米なら新米なりの、古参なら古参なりの、あり方を追求し続けることができます。「互いに」礼を尽くすことが徹底しているおかげで、自分が古参になってからも後輩への気の遣い方を学ばせて頂けるのです。食べ物を受ける所作ひとつとっても、お盆を支えて手伝ったり、絶妙なタイミングで受ける手を差し出したり、浄人に対し礼を尽くすための心遣いは尽きません。

それはたとえ住職と小僧であっても同じです。お互いがひとつの家族、等しく敬意を表するのが仏道修行と考えられているからです。このように与える側も頂く側も給仕をする側も礼を尽くし合う日々を重ねていくことで、自然と相手を敬う所作が身体から生まれるようになってきます。

都会暮らしに慣れてしまうと、お金さえあれば独りでも食事はできると錯覚しがちです。しかし実際は食のどこかをそこにいない多くの存在に頼っているだけだと気づきます。今までとるにたらない、誰でもできるような仕事と思っていた仕事にこそ、修行の機会があるのだと思え、どんな仕事も必要とされていれば喜んで引き受けることができるようになりました。

コミュニティを和する禅の食の原点がここにあります。新米雲水の頃、私の隣で一生懸命野菜を刻んでいた何十歳も年上の典座老師がいました。いつでもそのような気持ちで日常生活を送ることは私の目標でもあります。

給仕は毎回真剣勝負
静かに
滞りなく
察知
適量
正しく

雲水の毎日はお粥で始まります。最初の一歩として一般家庭でも簡単にできるお粥、ごま塩、浅漬けの作り方を記します。ただしこれらはあくまで参考に、その時、その場での三心を一番のレシピと心得ましょう。

「お粥」　喜心でつくる玄米のお粥

永平寺には「粥有十利(しゅうゆうじゅうり)」、つまりお粥の持つ十の功徳が伝えられています。

一、肌つやがよくなる
二、気力、体力が湧いてくる
三、老化を防ぎ若さを保つ
四、食欲を抑え、食べ過ぎない
五、血液がキレイになり頭が冴える
六、浄化作用で体が軽くなる
七、風邪をひかなくなる
八、空腹が癒える
九、のどが潤う
十、便通がよくなる

シンプルなおかゆは鏡のように心の状態を映します。大切な人を想って「喜心」の玄米粥を作ってみましょう。

材料（2人分）

玄米…０．５合（約７５g）

水…１０００ml

塩…ひとつまみ

作り方

1 さっといだ玄米を分量の水に一晩つけ、塩を加えて強火にかける。

2 煮立ってきたら軽くかき混ぜ、ふたを少しずらして、弱火で約 50 分炊く。5分ほど蒸らす。

「ごま塩」　典座寮のごま塩

永平寺の朝食に毎日登場するのがふっくらサラサラのごま塩。淡い味付けの中にコクと香りがあり、毎日食べても飽きません。７００年以上食べ継がれているのがその何よりの証拠です。

ごまは雲水の厳しい修行を支える貴重な栄養の源でもあります。疲労回復、老化防止、美容促進などの効果がよく知られています。一心に健康を想う老心のごまレシピを食卓へ届けましょう。

ごますりは、その行為自体が身心を調える修行となります。眼横鼻直をまっすぐにして坐り静かな呼吸で悠々とごまをすれば、たとえ疲れていても身体と心が澄みわたり元気が出てきます。ぜひ挑戦してみてください。

材料（2人分）

ごま … 大さじ2（煎りごまでなく洗いごまを選びます）

塩 … 小さじ1

作り方

1 フライパンでごまを煎る。中火で、木べらで手早くかきまぜながら数粒弾けるまで熱する。粒がコロンとふくらみ、指ですりつぶせるようになったら煎り上がり。塩も軽く煎って水分を飛ばす。

2 ごまと塩をすり鉢に入れて、すりこぎで軽い力でする。ふわっとサラサラになったら出来上がり。

「浅漬け」 工夫の浅漬け

食材を区別せず、無駄にせず、ありあわせの材料を工夫して浅漬けにすれば立派な朝御飯。「工夫」という禅語の本来の意味は、先入観をなくし、今、ここ、一心に物事に取り組むこと。結果として訪れる閃きで、ありあわせの野菜も大心の浅漬けになります。

婆婆で洗鉢をする時は浅漬けがあると便利です。お茶を注ぐ前に一切れの浅漬けを残しておき、箸先でつまんで鉢を洗ってみましょう。そうやって頂く浅漬けの美味しさは言葉にできないほど格別です。

材料（2人分）

白菜（1センチ幅）…３枚

きゅうり（小口切り）…１本

にんじん（千切り）…１／４本

生姜（千切り）…１かけ

昆布（細切り）…５センチ角

塩…小さじ2

作り方

1 ボウル等にすべての材料を入れて、なじませるようにもむ。

2 冷蔵庫に1〜2時間置く。

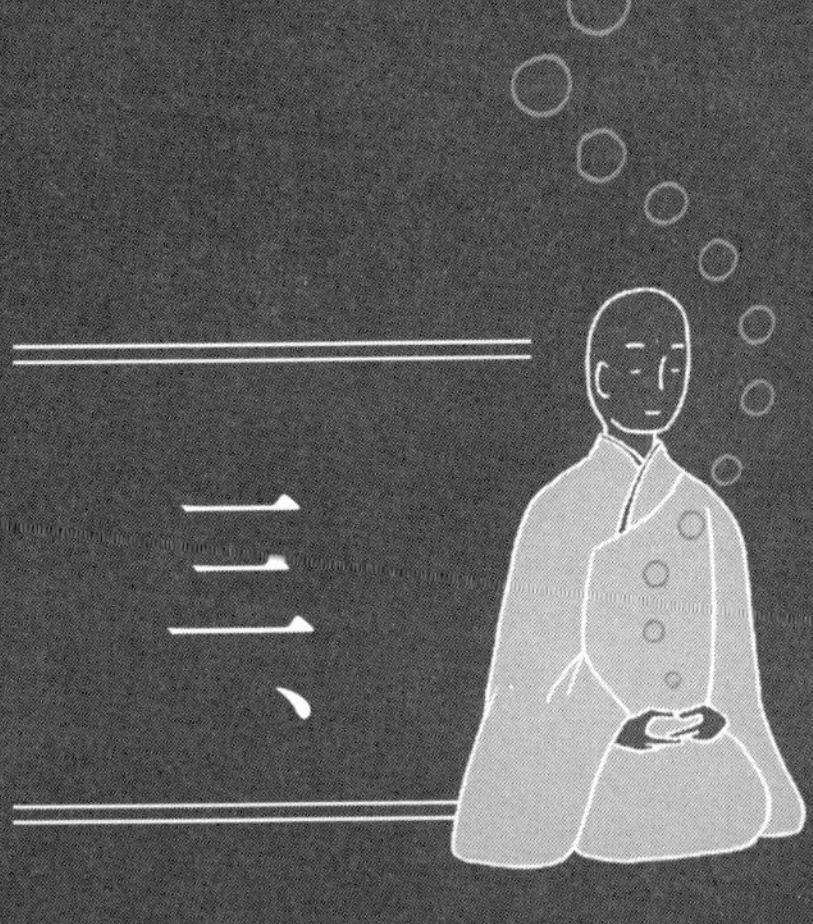

三、食が変わるとすべてが変わる

永平寺以前の生活

これまで紹介してきたような食の作法を学び、実践していくことで私の人生は大きく変化しました。永平寺の存在を知る以前の私は料理や食事は食欲を満たすためのもので、そんなことに時間をかけるよりも社会的に評価されるような仕事を成し遂げることが理想的な生き方だと考えていました。しかし同時に、評価をお金にかえて生きる現代社会の仕組みに限界と違和感を覚え、そこにモチベーションを見出せなくなってもいました。

ここではそんな私がなぜ永平寺の食の作法に出会い、それを実践することによってどのような変化があったのかをお話します。

私がそもそも禅に出会ったのは「モテたかった」という幼稚な動機からでした。大学に通うため鳥取県の田舎の高校から上京した私は、入学当初、モテたい一心で10以上のサークルに入っていました。

その中でも特に魅力的だったのがホワイトベアというアイスホッケー部です。深夜のスケートリンクで行われる練習に車を駆って現れる先輩たちはまさに「モテる大人の男たち」。中でも屈指だったのは当時から俳優をしていた山下徹大さんです。カッコいいのに謙虚でやさしい、そんな姿に憧れて単純な私は俳優になることにしました。

でも一体どうやったら俳優になれるのでしょう？

ちょうどその頃、同じクラスの友人に学生を対象にした英語劇への舞台出演を誘われました。これで俳優になれると思い、二つ返事で参加することにしました。そこで出会ったのが演出家の奈良橋陽子さん。真っ先に彼女に言われて驚いたのは演技をしてはいけないということです。

「あなたは演技をしようとしすぎます。何もしないで、ただ、そこにありなさい」

演技をしようとする「作為」は、舞台の上で実際に起こっている本当の感情を隠します。俳優が与えられた役になりきるには自分を忘れて、その瞬間、その場所で、本当に生きるのだと教わりました。

毎日数時間、椅子に座って身体の緊張を観察したり、人と向き合ったときに無意識に起こる身体の動きのクセを見つけたり……私の勝手な思い込みと全く違う俳優修行に大変戸惑いました。それらの稽古は自分の中にある見せたくない（ほとんどの場合醜い）

ものを隠そうとする「作為」を手放し、ありのままをさらけ出すことでもあったからです。それまでの社会生活の中で身につけてきた本当の感情を隠そうとする「作為」を手放すことはとても難しく、私は徹底的に注意されてもなかなかできませんでした。

その難しさに試行錯誤していたちょうどその頃、陽子さんがキャスティングを担当していた映画が「ラストサムライ」。ハリウッド・スターのトム・クルーズが主演する作品でした。お金も名誉も充分ある（そしてモテる）はずのクルーズ氏が、なぜ小さな島国のサムライに情熱を燃やすのか。サムライは漢字で書くと「侍」、「寺の人」です。「これは寺に何かがあるに違いない」……そうやって調べているうちに巡り会ったのが仏教、とくに禅の本でした。そこで初めて道元禅師と、その代表的な著書である「正法眼蔵」の存在を知ったのです。原本は難しくてとても理解できませんでしたが、よい解説本がたくさんあります。断片的にですが、その内容を読んで驚きました。

「仏道をならふといふは、自己をならふなり、自己をならふといふは、自己をわするるなり、自己をわするるといふは、萬法に證せらるるなり……」『正法眼蔵（現成公案）』

「ただし心をもてはかることなかれ、言葉をもていふことなかれ、ただわが身をも、心をもはなち忘れて、仏の家になげいれて、仏のかたよりおこなはれて、これにしたがひもてゆくとき、力をも入れず、心をも費やさずして、生死をはなれ、仏となる」
『正法眼蔵（生死）』

これらの部分は「演じようとしてはいけない」という陽子さんの教えや稽古とピタリと重なりました。道元禅師の禅と陽子さんの俳優芸術の極意に共通点があるのかどうか、実際のところは誰にもわかりません。しかし少なくとも私にはこの二つが心地よく共鳴して響いたのです。

そこで親戚のお坊さんに本格的な禅の修行がしたいと相談したところ、それならばと紹介頂いたのが禅の大本山永平寺です。

こうして私は禅についてはほとんど何の知識も経験もないまま、大学卒業後に出家して永平寺で修行をさせて頂くことになったのです。

禅で洗われる身体

永平寺の生活は、新しいような、懐かしいような、不思議な感覚がありました。

修行の中心となるのは坐禅、それも目的を持たずにひたすら坐ることに打ち込む「只管打坐（しかんたざ）」です。ひたすら坐るというと窮屈なイメージがあるかもしれませんが、実際はそうではありません。**坐禅は身体も心もまっすぐになるとても心地いい姿勢なのです。**作法通りに坐っていると、長年の習慣で無意識に力のこもっている箇所が次々と発見されます。一度緊張に気づくとその部分が自然にほぐれてラクになるのを確かに感じます。すると何だか心までラクになるのです。

坐禅には「調身長息調心（ちょうしんちょうそくちょうしん）」といって、まず身体を調える、すると息が調い、結果として目に見えず触れることもできない心も自然に調うという教えがあります。実際に永平寺では息の仕方や心を調える方法はほとんど教わりませんが、身体に関しては具体的で細かな決まりがたくさんあります。組む脚、印を結ぶ指先、目線や瞼、舌の位置までその型を徹底的に教わります。

要求される姿勢を真似するのは思った以上に難しく、印を結ぶだけでも今までのクセが邪魔をして思うようにできません。最初はうまく真似しているつもりでも20分も坐るとすぐに「地」が出てしまいます。言葉にできる比較的感じやすい場所以外にもこめかみの奥や顎、肛門の中といった普段は意識しないところの組織も総動員して型に身を合わせていきます。

毎日続けていると、腕の骨、肩甲骨、鎖骨、胸骨、一つ一つの背骨や、左右の骨盤、それらを包んでいる組織……それぞれに独立した繊細なバランスが働いていることを感じるようになり、**続ければ続けるほど今まで自分だと思っていた身体の中を「私でない何か」が巡っていて、外から見えなくてもスポーツ以上にダイナミックな運動がいつも身体の中では展開していることに気づきます。**

坐るという単純な動作でも、作法に従って身体を調えると自分の意志が及ばなかった身体と心の関係がたしかに変化します。しかもこの変化は期待されるものでもなく、求める必要もないのです。

目的を持たず、ただひたすら坐る「只管打坐」には初心者も経験者もありません。これだけ坐ればこれだけ評価されるということもありません。坐ってしまえば後は一切が平等です。

手脚を組んで黙って坐禅をしていると口と肛門がまっすぐにつながり生命の根源に還る気持ちがしました。常に評価を求め、まわりの反応を気にして生きていた私は、そんな時間が大好きになりました。

肉体だけではありません。永平寺ではまわりの環境も自分の身体と同じように繊細に調えます。それが伝統的な型として続いているのが作務の時間です。永平寺では「一に作務、二に作務、三四がなくて五に作務」といわれるほど、作務を徹底的に行います。特に僧堂、トイレ、お風呂の3つの場所は三黙道場と呼ばれ、特に念入りに作務が行われます。これらは禅寺だけでなく世界中どこにでもある生活にかかせない場所です。

作務は汚れをとるのが目的ではありません。汚れていてもいなくても変わらぬ態度で磨き続けます。みんなで一緒に作務をやることで、いつも清々しい気持ちで朝を迎え、一日を全力で楽しく過せるようになりました。

雑巾がけは上から下に、奥から手前に、水が高いところから低いところに流れるように重力に従い規則正しくまっすぐに拭きます。そのうちにそうするのが自然な習慣になります。

脱いだスリッパの扱いにも作法があり、定められた場所にまっすぐに置くように徹底して指導され、少しでもずれていると厳しく注意されます。

そうやってまっすぐに調えられた環境で日常生活を送っていると身体も調わずにはいられません。そのうち自分が身体を調えているのか、身体が自分を調えているのかよくわからなくなります。よくわからないけれどもまっすぐ素直な気持ちになります。

禅について、故禅師様は次のように話しています。

「道元禅師様の坐禅ということはすべてがみな禅だ
禅というたら何か殊更にあるように思っておる
そうではなくて　そのものと一つになっていくことが禅だから
歩いたら歩いた禅　しゃべったらしゃべったでしゃべることが禅だ
スリッパを脱ぐのも坐禅の姿や
スリッパをそろえるのが当たり前のこっちゃ
例えばスリッパがいがんでおったらほうっておけないんだ
スリッパがいがんでおるということは自分がいがんでおるんだ
自分がいがんでおるから　いがんだやつが直せないんだよ
だから　物を置いても　ちぐはぐに置くのとまっすぐに置くのと
すべて　心が表れておるんだから

心がまっすぐであったら　すべての物をまっすぐにする必要がある
修行をしておるんじゃなくて当たり前のことをやっておるんや
それよりやることないんだ」

（出典は同前）

何か特別なことをするわけではありません。寝る、起きる、坐る、洗う、食べる……この星の誰もが行うあたりまえのことを、あたりまえにやる。それだけです。それだけなのに何かが違う。

夜明け前のモノトーンの世界が太陽にカラフルに染められていく様子は言葉にできぬ美しさです。小鳥のさえずり、雨や風、ゆれる木々の音もリズミカルな音楽に聞こえてきます。お米の香りが昇る朝御飯にまっすぐ向かうところから一日が始まると、なんだか自分もまっすぐな気持ちになります。

厳しい生活にただ耐え忍ぶことが修行だと覚悟して上山したはずが、日々の些細なことに感動し、何をやっても子供の頃のように鮮やかで踊りたくなるような喜びを感じる毎日。

「自分だけではもったいない。この学びをなんとしてもみんなに伝えたい」

そう思うようになりました。

ちょうどその頃尊敬していた故禅師様が遷化(せんげ)されました。百歳を越えても坐禅堂で雲水たちと坐禅をし、日本全国を行脚して教えを説いていた禅師様は、「学ぶことは真似ること」だとおっしゃっていました。できるかできないかはわかりません。とにかく私もその姿を娑婆でひたすら真似し続けよう。そう決めた私は四年目の春に山を下りることにしました。

大都会東京での挑戦

最初はうまくいきました。まずは永平寺から師匠のお寺がある出雲まで歩いて帰ることにしました。一万円の所持金はすぐ底をつきましたが、「歩く」という明確な目的に向かって一生懸命やるだけです。気にせず進んでいるといろいろな人たちが楽しそうに手をかしてくれました。

ぶどうパンをくれたお兄さん、余った弁当をわけてくれたおじさん、温泉に連れていってくれたおじいさん……ただ歩いているだけ、明日には去ってしまうこの身体を、笑顔で優しく支えてくれる人がいる。これは大きな発見でした。

社長をしているというある女性は

「私が一番落ち込んでいた時期に救いになったのは誰かのためになることだった」

と、苦労した過去を話してくれました。

そんな人たちと接していると、こちらも見返りなく誰かに喜んでもらいたくなります。そう思い始めた途端に「洗濯を手伝ってくれますか」とか「タケノコを掘ってきてくれるかい」などと道中触れ合う人たちが気軽に頼みごとをしてくれるようになりました。亡くなった妻にお経をあげてほしいと言ってくれた人もありました。私のような小僧でよければと一生懸命読経しました。

こうやって誰もが喜んで誰かのために日々を生きることができたら、世界は大きく変わるはず。逆にこちらが御礼を言いたくなったことを覚えています。

しかしその後、再び東京に赴き、家賃を払って生活するようになると、変化が現れました。まず永平寺では三年間ほとんどお金を使わず生活していたため、すべてがお金でまわる社会に大きな違和感を覚えます。だからといってどうしようもありません。最初は最低限のお金は必要かと思って、お金のためにいろいろなアルバイトをしました。

ところがそのうちに「家賃は、光熱費は、生活に必要な最低限のお金は……」と少しずつ対価を意識するようになり、誰かのためになることを何でも見返りなくやろうと思っていたはずが、いつの間にかお金になる仕事を優先させるようになりました。

自分の生活に本当に必要なものは何なのか見極めることができず、気づくと生活が乱れていました。あるとき、食べていくことへの不安を解消するために自分がお金に依存していることを認め、それをやめることにしました。

ただしそれを絶対的な規範として公言するのもなんだか違います。

たとえば、みんなが使っているお金を「使わない」と口に出してしまうと、お金を使っている人は気分よく使うことはできないでしょう。そもそもお金を言葉に挙げる時点でお金にとらわれていることになります。そこで「自分がお金を使わないこと」よりも、「お金にとらわれない永平寺の生活」を真似することに焦点を当てるようにしました。

もしお金を渡された時は有り難く預き、自分からは一切要求しないことに決めました。

手元にお金がなくなったら確かに困るかもしれませんが、その時はその時です。それだけのことですが、その覚悟を決めた途端に、やるべきこと、生き方がはっきり決まったような気がします。こうしてお金のためにやっていた仕事をやめていくと、生活に変化が起きました。

永平寺から下りて一年が経とうとしたちょうどその頃、学生時代から実の兄のように慕っている人に食事に誘われました。なんでも以前何人かで一緒に食事をした時に私の食べ方があまりに清々しかったことが話題になり、その秘密を知りたいというのです。

相手に気づかせないさりげなさが作法のよいところです。清々しいと思われるようではいけないと思いつつ、頼りにしている兄貴分にそう言われたことが嬉しく、永平寺の食の話をしました。彼はその後、二度も一緒に永平寺に来てくれ、これは世界に広めるべきだと、禅寺の食の作法をまとめて発信することを提案してくれました。彼のおかげで、私はより気をつけて娑婆で永平寺の食事作法を実践するようになりました。

このように覚悟を決めるたびに不思議と協力してくれる人が現れます。勿論、応援してくれる人ばかりではありません。努力をせずに最初から助けを求め期待する気持ちがどこかにあると親切な人は探しても現れません。手放すとやってきて、依存しようとすると離れていく何かは恋のようです。

東京に住み始めて三年が経った頃、学生時代からの友人たちに誘われて、男三人で一軒家を借りて住むようになりました。衣食住を誰かとシェアすると、驚くほどお金がかからなくなります。その上、同じ屋根の下で一緒に生活をすると家族のようなつながりが生まれることに気づきました。

私は四畳ほどの屋根裏部屋に暮らしていましたが、狭いとは一度も感じませんでした。近所の銭湯、パン屋さん、酒屋さんが自分の家の一部のように大切に思え、むしろ家の感覚は広がりました。そのうち家族のような感覚でつきあう近所の人が次々に広がり、街全体が住み慣れた家のように感じられると、ますますお金を使う必要がなくなってきました。

お金を中心につながっていたのが、それを取り除くことによって日常のあたりまえのことから生まれる人と人とのつながりが強まってきたのです。

永平寺の山門はいつでもあけはなたれ、そこには「たとえ小さな子供でも志があれば入門を許すが、どんなに社会的な地位があっても志がなければ入ることはできない」という家風が刻まれています。百人いても家族と同じようにお互いを想い、尊重する作法でつながっているひとつの家です。私は永平寺で一緒に修行した仲間を家族や兄弟のように大切に思っています。それは食を共有していたからだと思います。

シェアハウスでひとつ心配だったのは人間関係のトラブルですが、定期的に皆で集まり、お茶を飲みながら話す時間を設けます。掃除、買い物、調理、片付けなどの「作務」に作法を設け、みんなで一緒に取り組んでいれば大きな問題にはなりません。

たとえば朝の作務の時間を決め、みんなで一緒に取り組むようにします。家の中だけでなく、近所の人と挨拶を交わしながら家のまわりの道路の草取りや掃き掃除もやるようになると絆が深まります。トラブルがあれば、それはむしろ共同生活に慣れ、生活上での問題を解消する方法を学び結束を強めるいい機会になりました。

誰かと衣食住を共有することは窮屈かもしれないと始めは思っていましたが、食の作法を大切にし、そこに関わる人やもの、環境全体を尊重し、手間ひまをかけて、そういう気持ちをみんなで型にして実践することで、窮屈どころか世界が広がることをシェア

ハウスの家族のおかげで体験し、この生き方が通用するのは血縁関係やお寺の中だけでないのだということを確信しました。

理屈抜きにやってみると、問題をのりこえるたびに新しい視野が開けます。所有欲がなくなり、行きたいところに行って会いたい人に会えて、ご縁がむこうから巡ってくるようになりました。

しばるほど自由になる不思議な作法

「作法は堅苦しい、自由がいい」と以前は私も思っていました。しかし自由というものをよくよく追求していくと「ワタシだけの自由」では意味がありません。**作法にしたがって周囲が自由になることが大切であり、そのことは結局はワタシにとっての本当の自由につながることに気づきました。**

禅の生き方は自由を制限しているように見えますが、実のところは「まわりからの自由への制限」を最小限にすることで、自分を自由にしてくれるのです。

「どうやったら自由に暮らせるだろう」いろいろ考えを巡らせましたが、頭で考えた自由は私利私欲ばかりで、結局理にかなっていません。自分のエゴの中だけでの自由を求め過ぎると、求めれば求めるほど、まわりからの向かい風が大きくなり、束縛がより強くなっていきます。

たとえば、お腹がすいたからと我欲に従って食べ物を自由勝手に盗って食べたら、まわりの迷惑になり、拘束されるか、恨みをかって社会から排除されるかもしれません。みんなその人に近寄らなくなるに違いありません。

身体の外だけでなく、内との関係も「まわり」です。たとえば欲のままに暴飲暴食すると次の日の内臓の調子が全く変わります。内も外も自分も、関係性の中にあるすべてが困ります。

一方、たとえば一章で紹介した天龍寺の笹川老師は、夜明け前に起きて坐禅をしてお経を挙げ、作法通りに食事をしています。一見堅苦しい生活をしているように見えますが、実にゆったりと毎日を楽しみ、誰がお寺に来ても受け入れて一緒に笑ったり、怒ったり。70歳を越えても困っている人があれば日本全国どこにでも駆けつけるフットワークの軽さです。これが一日中坐禅をしている老師と同一人物とは思えないほど自由自在です。

そうやって山川草木にまで想像を広げ、すべての存在を尊重して大切に行動するように試みると、個人にとっての制限は周囲の自由の保証になり、自分に対してまわりから追い風が吹いてきます。

頭で考えるのではなく作法に従って毎日の食を調えていると、自分自身はそんなにがんばらなくても、自分の身体全体が求める自由と周囲の自由が一致してきます。するとが自分のエゴに引きずられる瞬間、まわりからの抑圧が強まることを早い段階で直感的に気づかずにはいられなくなります。食べていいもの、駄目なものの違いがわかるような感覚です。

その感覚に従うことで、自分が主体だと思っていた「ただそこに在る」という捉え方が変わり、今までにない視野が開けてきます。世界が自分を自由な存在にしてくれるようになり、そこで初めて本当に心からの自由が感じられます。

食の作法はそのような「世界」に飛び込むきっかけになりました。

素直に真似をしてみよう

そんなの無理と思っている人がいるかもしれません。そんな人はまずまわりで食を大切にしている人を見つけて真似をしてみてください。

日本にもドイツにも日々工夫を重ね、黙々とこのような作法を実践しているお坊さんがたくさんいます。

たとえばベルリン出身のドイツ人のお坊さん、安泰寺のネルケ無方老師は言語や文化のハンディをものともせず、兵庫県の山奥で応量器を使った食事をしながら伝統的な禅の生活と農業を組み合わせた自給自足に近い生活を営んでいます。名を知られていなくても人知れず見習うべき生活を実践しているお坊さんが世界中にたくさんいるものです。

いや、お坊さんに限りません。もしかしたら隣に住むおばあちゃんだって食の作法を実践している人かもしれません。そういった人たちに聞いてみてください。理屈を理解しようとすると難しくなりますが、真似をすることならすぐにできます。食の作法を真似することは先人たちの生き方を学ぶ最も簡単なきっかけ、一番の近道です。意味がよくわからなくても、先輩たちが創りあげ、伝えてきた作法にただただ従って、素直にそれを真似してみましょう。

ここまでに紹介してきた永平寺の食の作法は私が体験した、私の知る限り最も理にかなった食の作法です。しかしこれも時代や場所によって変化するもので、絶対的に正しいものではありません。道元禅師自身も「手で食べていたというお釈迦さまの作法を本来は真似するべきではあるが、今暫くは日本の習慣に従って箸を使う」と「赴粥飯法」に書いています。箸を持って食べる伝統的なやり方も、さまざまな環境の中で変化しているものであり、固執するものではありません。常に師にならい、より理にかなう方法を求め続けることが大切です。

自然もお手本になります。お釈迦さまは「遺経（ゆいきょう）」で理想的な食事の仕方の例として、花と蜂の関係を挙げています。すなわち蜂が花の蜜を吸ってもその色や香りをそこなわないような食のあり方です。そういった自然の姿を真似してきたのがお坊さんの生き方です。

故禅師様は自然についてこのようにおっしゃっています。

「自然は立派やね
わたしは日記をつけておるけれども
何月何日に花が咲いた　何月何日に虫が鳴いた　ほとんど違わない
規則正しい
そういうのが法だ
法にかなったのが大自然だ　法にかなっておる
だから自然の法則をまねて人間が暮らす
人間の欲望に従っては迷いの世界だ
真理を黙って実行するというのが大自然だ
誰に褒められるということも思わんし
これだけのことをしたらこれだけの報酬がもらえるということもない
時が来たならばちゃんと花が咲き
そして黙って
褒められても　褒められんでも　すべきことをして　黙って去っていく

そういうのが
実行であり
教えであり
真理だ」
（出典は同前）

こういった言葉を人知れず黙々と行じているお坊さんたちにならい、真似をすることで、私もなんとか食の作法を続けることができています。

「あなたはどうやって食べていけているのですか？」という質問をよく頂きます。「食べていく」は現代ではほとんどの場合「お金を稼ぐ」という意味でのみ使われています。あたりまえのことですが、食べていくには、食べるしかありません。食の世界はお金でなく、命を中心にめぐっているのです。

食べるためにできる一番の努力は「食べることに正面から向き合う」こと。お金を稼ぐことにすりかえてはいけません。まず必要なのはきれいな水と空気、それに大地と命、自分自身。それらを調えるためにできるだけのことをするしかありません。

食の作法に従った生活を真似し始めて10年経ちますが、今のところ飢えや寒さに困ったことはありません。それどころか以前よりも健やかに生きられるようになり、今までに見えなかった可能性が開けてきました。それは買い物にいって何かを手に入れるような類のものではなく、自分自身が伝統そのものに入っていく、霧の中を歩いているといつのまにか衣が湿るようにじんわりと、しかし確実に伝わってくる、そういう感覚です。

代々伝えられてきたお坊さんたちの生き方は最初は意味がよくわかりませんでした。実のところ今でもよくわかりません。毎日学んでいる状態で、学びきることもないのかもしれません。しかし今、安心して歩みを進め、自信を持ってみんなにお勧めできるのは、昔から実践され続けてきた生き方であり、私の一存ではないからです。今、世界中でこのような生き方が見直され、まなばれています。

禅に新しい生き方の可能性がある

もしあなたがお金を稼ぐことを中心とした生き方に疑問を持っているのなら、そうではない生き方が営まれていることを知ってほしいと思います。

こう言うと必ずそれは現実的でないという反論があると思います。

「あなたは運が良かっただけで、普通の人には無理、お金をきちんと管理して計画的に生きたほうがかえって欲のない自由な生活ができるでしょう。もしお金を求めず家族や仲間を路頭に迷わせたらどうするのですか」

と。鎌倉時代にもこうしたやりとりがあったようです。『正法眼蔵随聞記（しょうぼうげんぞうずいもんき）』で、ある人が道元禅師に次のように尋ねます。

「最近では各自が衣食住に困らぬよう準備をするのが常識です。備えがあれば修行に乱れもおこらず、仏道を学ぶ助けにもなるでしょう。ところが、道元禅師のご様子を見ると、一切そのような準備をせず、ただ天運にまかせていらっしゃるようです。それが本当であれば後々困るのではないでしょうか。きちんと生計をたて、安心して修行に励むことは貪りとは違うのではないでしょうか？」

これに対して道元禅師は

「それについては、わたしがあえて個人的な考えでやっているのではなく、昔の人の実例があります。お釈迦さまは衣と鉢の他は少しもたくわえずに困っている人に施しなさいと教えています。どの程度ならいいというきまった標準もありません。自分のはからいで暮らしを立てようとしたらきりがありません。もし食べる物が全くなくなり、その日の生活に事欠くようになったら、その時には、この勇ましいやり方を引っ込めもし、対策も講じましょう」

と応えます。つまり

「個人的な考えではなく、代々実践されてきたものであること」

「無理をせず、もし本当に問題がおきたらその時はその時に対策を講じること」

を強調しています。

道元禅師は説明や説得をしようとはしていません。この話題についても自分から語り出したのではなく「聞かれたから」答えています。「こうすれば大丈夫！　なぜなら……」と理屈で説明できるようなものではないということでしょう。実践ありきで、言葉でいくら表現しても、木に竹を接いだようなことにしかならないのかもしれません。

現代ではインターネットによって世界中の様子がリアルタイムでわかるようになりました。700年以上前は安心できなかったかもしれませんが、果たして今現在、食は欠乏しているといえるのでしょうか。一人ひとりが争うことなくまわりの人のことを想いわかちあえば、「食は足りている」というのが事実なのではないでしょうか。

奪い合えば足りないものも、分けあえば余り、持ち寄れば笑顔がこぼれます。資本主義に疲れたら一度立ち止まってみましょう。お金のやりとりの土俵にのらない生き方がちゃんとあるのです。このような暮らし方は「たまたま」できているのでしょうか。私はそうは想いません。**確かに言えるのはたとえ小さく簡単なことでも、食への向き合い方を変えることで、大きく難しそうに見える世界のあり方がガラリと変わるということです。**

イエス・キリストが5つのパンを、集まってきた5000人にわけたという有名なお話があります。5つのパンを5000人にわけることは普通に考えれば無理です。しかし集まって来た5000人の人たちがイエス・キリストの食への姿勢を見て、自分の資源を（パンに限らず）みんながそれぞれ満足できるように分かち合い始めたらどうでしょう。この世界はすべて関連して成り立っているので、みんなが慈悲の心を持てる状態にあれば、頭で考えたら絶対に不可能と思われることでも実際にはそうではないことがたくさんあるのではないでしょうか。

アイディアとしてはおもしろいけれど、やっぱり自分には無理だよと思うかもしれません。実は私もそう思う時があります。しかし無理なものが２５００年も伝わってきているのはなぜでしょうか。興味深いのはこういった生き方を可能にする作法が軍隊を持たず、税金もとらない共同体の規範として生き続けていることです。インド、中国から日本まで伽藍（がらん）が守られ、古今東西多くの人がＺＥＮの有効性を信頼しているという事実には、何かわけがあるはずです。こういった規範は代々実践を続ける人たちによってはじめてその妥当性が実証されるのです。理屈による説明が追いつかなくても、実践してみることは誰にでも簡単にできます。

食べる前にはまっすぐ合掌して「いただきます」。

簡単なことから始めればいいのです。

食べた後にはお茶で洗鉢して「ごちそうさまでした」。

弱気な時も感謝の気持ちが湧いてきて、今日もできることをしようと思えてきます。

人間という「管」を食でととのえていく

食を変えることで、世界が変わります。

ヒタスラというのは管になることではないかとイメージする時があります。

道元禅師はひたすら坐禅をすることを「只管打坐（しかんたざ）」と書きました。これを「ただ管となって坐る」と読み替えてみたら面白いのではないでしょうか。これは私の勝手な想像ですが、人間を「考える管」ととらえ、食で管を調えれば皆元気に仲良く暮らせそうです。

三木成夫さんという20世紀の生物学者は人間が受精卵から細胞分裂を繰り返して発生する過程を研究しました。その研究によると受精した卵子から一番最初にできるのは後に「管（くだ）」となり内臓となる原口（げんこう）なのだそうです。人間活動の中心だと思っていた手脚、眼や脳などの器官はいわゆる「後付け」の機能と聞き、面白いなと感じました。内臓は健康に決定的な影響を与えます。仕事の能力や社会的地位に関係なく内臓がやられると死んでしまうという事実。これはどんな生き方をするにしても全人類に例外なく共通することです。食を調え、管を調え、身心を調えることは、生きるために最も効果的な方法だとお寺のお坊さんたちは知っていたに違いありません。

管であるという視点から世界を眺めると、やるべきことがはっきり定まってきます。それまでは身体は自分がすべてコントロールしていると思っていましたが、じっと静かに食に向き合っていると考えが変わってきます。心臓、血管、食道、胃腸、肛門……実際にはそれぞれが意志のおよばない動きをしていて、せっせとそこに入ってくる何かを受け入れ、送り出しているのです。

今まで人生の中心だったはずの私の意志は、その大きな動きに比べるとほとんど何もしていないも同然の非常に微々たるもの。それどころか心配事があると眉間にシワをよせ、顎をカタくし、肩をすぼめ背中に力を入れることに一生懸命です。ゆだねることを拒み、呼吸や血液の、消化物の流れを淀ませ、管の邪魔ばかりしている姿はだだっ子のようです。
ルールや作法が苦手だった私が禅の食の作法を好きになれたのは、管を調えるという単純さのおかげです。流れる水を淀ませない、重力に従って洗い清める、とにかく理にかなってシンプルなのです。腸の色の違いによって差別されたという話はきいたことがありません。言語、人種、思想の違いも管には関係ありません。皆同じ。

食の作法を通じて自分がナマコと同じような管であることを実際に体感すると、個々人の能力の違いはミドリムシかゼニゴケかの違いのようなものと思えてきます。

今までは何かミスをしてもどうしても謝ることができなかったのが、ありのままを受け容れながら素直に謝ることができるようになってきました。その理由は「できないものはできない、そのことで自分の存在価値をすべて否定されたわけではない」と、表面的な能力の差に怯えなくてもよいと思えるようになったからです。
自分の中にあるあらゆる管は以前よりも滞りなく、しなやかになめらかに、動き出すようになりました。食や姿勢を変えることで世界が変わっていくのだ、変えることができるのだという実感を強く覚えました。

管を調えると身体も心も元気になります。すると普段の行動が変わり、心に変化が現れます。そこをきちんとしていると道を間違えようがないのです。それほど管を調える人のまわりは理屈抜きに澄んで心地がいいのです。お金や名声がなくてもそういう人のところには自然に心の伝わる人や、ご縁があつまってくる。実際に禅寺にはそういう人たちがたくさんいました。

禅の情報そのものは、昔は中国まで船でいくほどの苦労をしないと手に入らないものだったのかもしれません。しかし今は発言したことが一瞬で世界中に伝わる時代です。だからこそ極力言葉にせずに実践でまわりの人に伝えることを続けていく。そういう意味で内臓からつながれば、いつか人間の根本をはずさない生き方を世界中の人が共通に持ち、当たり前のように実践できるようになるのではないでしょうか。

食べて飲んで排泄するという誰にも共通する行為を基準にみんなで智慧を出し合えば、多少のいさかいはあったとしてもみんなが心から満足して働き、食事を頂き、健やかな人生を送ることができるでしょう。私たちの世代では難しくとも、50年後か、100年後か、次の世代にはきっと実現するはずです。

一期一会から永平寺の生活に出会い、ただただ食の作法を真似する日々。それで「食べていける」ことに驚く人も（時には自分自身も）ありますが、道元さんなら「ほらね、その生き方で大安心だっただろう」と当然のことと言ってくれるような気がしています。そんな暮らしに興味を持ってくださる人がいて、このような本を書く機会を頂いたことを嬉しく思います。

それはこの星に住むみんなが関わり、伝えてきた食の作法です。私がそれを実践できているのも私の力ではありません。だからこそこれからも袖触り合う人にこの作法を伝え、次世代に継承すべく、日々精進する所存です。

食の作法で身心を調えましょう。

同じ釜の飯を頂いた仲を大切にすると世界はつながり、必ず問題は解決していきます。「教える」というほどのものではありませんが、この本を最後まで読んでくださったあなただからこそ、ぜひともお渡ししておかなければいけない大切な預かりものがあります。

祈諸縁吉祥福壽無量

平成二十七年五月吉日　　星覚九拝

殊謝　末筆ながら本書の執筆にあたってご協力頂いたここに書ききれない多くの皆様、特に藤田浩芳様、田村記久恵様、永見宏樹様、風間天心様、青江覚峰様、前田美樹様、熊谷貴絵様にはこの場を借りて厚く御礼申し上げます。誠にありがとうございます。

参考文献

『正法眼蔵』道元禅師（鴻盟社）
『正法眼蔵随聞記』懐奘禅師（ちくま学芸文庫）
『典座教訓・赴粥飯法』道元禅師（講談社学術文庫）
『道元の食事禅』平野雅章（東京書房社）
『僧堂の行持』楢崎通元（瑞応寺専門僧堂）
『海・呼吸・古代形象』二木成夫（うぶすな書院）

お坊さんにまなぶ こころが調う食の作法

発行日 2015年5月25日 第1刷

Author 星覚

Illustrator 田村記久恵

Photographer 料理：野崎悠／帯：© stephanie bothor/paradis sauvage

Book Designer 鈴木大輔・江﨑輝海（ソウルデザイン）

Publication 株式会社ディスカヴァー・トゥエンティワン
〒102-0093 東京都千代田区平河町2-16-1 平河町森タワー11F
TEL:03-3237-8321（代表）
FAX:03-3237-8323
http://www.d21.co.jp

Publisher 干場弓子

Editor 藤田浩芳

Marketing Group Staff 小田孝文 中澤泰宏 片平美恵子 吉澤道子 井筒浩 小関勝則 千葉潤子 飯田智樹 佐藤昌幸 谷口奈緒美 山中麻吏 西川なつか 古矢薫 伊藤利文 米山健一 原大士 郭迪 松原史与志 蛯原昇 中山大祐 林拓馬 安永智洋 鍋田匠伴 榊原僚 佐竹祐哉 塔下太朗 廣内悠理 安達情未 伊東佑真 梅本翔太 奥田千晶 田中姫菜 橋本莉奈 川島理 倉田華 牧野類 渡辺基志

Assistant Staff 俵敬子 町田加奈子 丸山香織 小林里美 井澤徳子 橋詰悠子 藤井多穂子 藤井かおり 葛目美枝子 竹内恵子 清水有基栄 小松里絵 川井栄子 伊藤由美 伊藤香 阿部薫 常徳すみ 三塚ゆり子

Operation Group Staff 松尾幸政 田中亜紀 中村郁子 福永友紀 山﨑あゆみ 杉田彰子

Productive Group Staff 千葉正幸 原典宏 林秀樹 三谷祐一 石橋和佳 大山聡子 大竹朝子 堀部直人 井上慎平 松石悠 木下智尋 伍佳妮 張俊崴

Proofreader 文字工房燦光

Printing 株式会社厚徳社

ISBN978-4-7993-1668-9